梦山书系

全国模范教师的
小学语文 教学智慧

王振刚 ◎ 著

海峡出版发行集团
福建教育出版社

图书在版编目（CIP）数据

全国模范教师的小学语文教学智慧/王振刚著. —福州：福建教育出版社，2023.2（2025.4重印）

ISBN 978-7-5334-9549-7

Ⅰ.①全… Ⅱ.①王… Ⅲ.①小学语文课－教学研究 Ⅳ.①G623.202

中国版本图书馆CIP数据核字（2022）第230602号

Quanguo Mofan Jiaoshi de Xiaoxue Yuwen Jiaoxue Zhihui
全国模范教师的小学语文教学智慧
王振刚 著

出版发行	福建教育出版社
	（福州市梦山路27号 邮编：350025 网址：www.fep.com.cn）
	编辑部电话：010-62027445
	发行部电话：010-62024258 0591-87115073）
出 版 人	江金辉
印 刷	福州万达印刷有限公司
	（福州市闽侯县荆溪镇徐家村166-1号厂房第三层 邮编：350101）
开 本	710毫米×1000毫米 1/16
印 张	14.75
字 数	198千字
插 页	2
版 次	2023年2月第1版 2025年4月第4次印刷
书 号	ISBN 978-7-5334-9549-7
定 价	37.00元

如发现本书印装质量问题，请向本社出版科（电话：0591-83726019）调换。

目 录

第一辑　阅读，萌发教学之智 / 001

观文·观言·观法——解读《观潮》/ 003
审视·品读·感悟——解读《女娲补天》/ 008
享受文本的言语魅力——解读《桂林山水》/ 013
写双龙洞，为何还写沿路景色——解读《记金华的双龙洞》/ 017
尽观景之美、文之美——解读《颐和园》/ 020
弱小的渔翁最终战胜强大的魔鬼——解读《渔夫的故事》/ 024
略读课：即教略读，而非略教读——解读《卡罗纳》/ 027
真是一只"高傲"的白鹅——解读《白鹅》/ 033
文路·文体·文题·文眼·文采——解读《威尼斯的小艇》/ 037

第二辑　实践，生长教学之智 / 043

随文识字，助力学生语文素养的提升——《揠苗助长》教学设计 / 045
在读中感悟，在悟中创新——《火烧云》课堂实录 / 055
成功的秘诀在于一直和时间赛跑——《和时间赛跑》教学设计 / 064
细读文本，感受"伟大"——《两个铁球同时着地》教学设计 / 071
习作课上，让学生的好帮手"动"起来——《观察棉花桃》教学设计 / 079

读中感悟文本表达之秘妙——《临死前的严监生》教学设计 / 085
用心感受中华民族的精神、尊严、气节——《狼牙山五壮士》教学设计 / 092
品读《桥》，架起学语文之桥——《桥》教学设计 / 097
感受老北京独特的民俗文化——《北京的春节》课堂实录 / 103

第三辑　反思，提升教学之智 / 115

寻找冬天的小秘密——执教《雪地里的小画家》有感 / 117
徜徉文本中，读懂字词句——执教《爬山虎的脚》有感 / 120
触摸春天，感悟生命——执教《触摸春天》有感 / 123
享受语文是高效课堂教学的终极追求——执教《长城》有感 / 129
略读课，由课内走向课外的桥梁——执教《大自然的启示》有感 / 134
建构生活的、对话的、开放的习作课堂——执教《走近硬币》有感 / 141
语文课，要"浸"满语文味——执教《桂花雨》有感 / 146
笑读《草船借箭》，带来思考的享受——执教《草船借箭》有感 / 148
走进故居，走近老舍——推荐阅读《老舍的平民生活》有感 / 158

第四辑　记事，积聚教学之智 / 167

生活是一本教科书——有感于陶行知的生活教育理论 / 169
热爱，永恒——记一堂读《俗世奇人》的阅读课 / 171

又是一年收获时——和学生一起阅读生活 / 174

翩翩的枯叶，一幅美丽的画——记一堂自由的习作创作课 / 176

体验生活的真谛——成功需要笨笨傻傻地坚持 / 178

雪花无声，但有情——记一节静悄悄的语文课 / 181

给雷锋班写封信——聆听雷锋班的新故事 / 183

咻，咻，咻，抢红包——有创意的奖励活动 / 185

在大凉山教书——我和彝族学生一起阅读甲骨文 / 188

第五辑　倾听，增长教学之智 / 191

感受于永正老师的教学艺术——听《秋天的怀念》有感 / 193

感受靳家彦老师的言语魅力——听《两小儿辩日》有感 / 199

像支玉恒老师那样，建构智慧课堂——听《地震中的父与子》有感 / 203

百改不厌为求精——听程宏明老师解读《比尾巴》《雪地里的小画家》 / 212

杰出的作品要靠杰出的眼光去阅读——听梅子涵教授解读《去年的树》 / 215

让板书充满诗意——听《乡下人家》有感 / 218

让生字教学走向轻松与高效——听语文教师指导学生写"爽"字 / 220

用智慧点亮词语教学——听《燕子专列》有感 / 222

整合资源·学语习文·追求高效——听《那片绿绿的爬山虎》有感 / 226

第一辑

阅读，萌发教学之智

　　语文阅读教学的关键是文本解读。不同的解读视角会对文本产生不同的理解，形成不同的教学意义，从而产生不同的教学效果。作为一名语文教师，阅读一篇文本，要一遍一遍地读。书读百遍，其义自见。在文本解读的过程中，要读出文本的初始意义，读出文本的独特体验，读出文本的丰富内涵，读出文本的时代精神。教师要引领学生尽情享受语文的魅力，享受人文的空灵，让人文性与工具性有机地统一起来。

观文·观言·观法
——解读《观潮》

《观潮》这篇课文的作者是赵宗成、朱明元。本文记叙的是一次观潮的盛况,写的是作者耳闻目睹的潮来前、潮来时、潮过后的景象,描写了大潮由远而近、奔腾西去的全过程,描绘出江潮由风平浪静到奔腾咆哮、再到恢复平静的动态变化,写出了大潮的奇特、雄伟、壮观。

一、对话文本题目

《观潮》,其中"观"是有意地、仔细地看,"潮"指钱塘江大潮。以事件命名题目,让读者能够对文本内容一目了然,且题目短小、简洁。

二、对话文本结构

《观潮》一文共五个自然段。第一自然段总领全文,是对钱塘江大潮的评价。"自古以来"凸显它的历史久远;"天下奇观"凸显景象奇特。一个"古",一个"奇",凝练地概括了钱塘江大潮的特点。

第一自然段中"天下奇观"的"观"与题目虽是同一字,但含义不同。"观潮"的"观"是"看"的意思;而"天下奇观"的"观"是"景象或样子"。正所谓是一字有多义,体现了汉语的丰富性。

课文第二自然段至第五自然段是按照时间顺序记叙的:第二自然段是潮来前的景象;第三、第四自然段是潮来时的景象;第五自然段是潮过后的景象。这三部分通过表示时间的词语——"这一天早上""午后一点左右""霎时"连段成篇,将三部分串联而成,让段与段之间有了紧密的联系。

三、对话文本写法

因为这篇课文是新闻报道,所以文中不仅写景,还在写人。

1. 对话"潮来前"

课文第二自然段描写大潮到来前的景象。

宽阔的钱塘江横卧在眼前。江面很平静,越往东越宽,在雨后的阳光下,笼罩着一层蒙蒙的薄雾。镇海古塔、中山亭和观潮台屹立在江边。远处,几座小山在云雾中若隐若现。

四句话中,前两句写钱塘江,后两句写钱塘江周围的景物,包括:镇海古塔、中山亭、观潮台、小山。

既然写景,就要凸显其特点。作者在描写钱塘江时,运用了一个"卧"字。首先对话"卧"字,"卧"字左边是两只上下排列的眼睛,右边代表的是一个人,人的眼睛什么时候是上下排列的呢?是躺下的时候。"横卧"的意思是"平躺"。一个"横卧",凸显了钱塘江平静的特点。

此外,钱塘江被"笼罩着一层蒙蒙的薄雾",先让学生理解句中"蒙蒙"的意思。它有两个意思,一是雨点很细小,如"蒙蒙细雨";二是模糊不清的样子,如"云雾蒙蒙"。句中的"蒙蒙"应是第二个意思。再让学生边读边想象,把文字变成画面,宽阔的钱塘江被薄薄的轻纱所遮蒙,若隐若现。学生一定会感受到潮来前,钱塘江的朦胧之美。

在景物描写的前后都有对观潮人的描写。

前一处:

这一天早上,我们来到了海宁市的盐官镇,据说这里是观潮最好的地方。我们随着观潮的人群,登上了海塘大堤。

这一处对观潮人的描写，其作用是什么呢？引出后文，引出对景物描写的部分。

后一处：

江潮还没有来，海塘大堤上早已人山人海。大家昂首东望，等着，盼着。

这一处对观潮人的描写，其作用又是什么呢？学生可能体会不出。

不妨将这两句话分别与课文第一自然段用一组关联词语连起来，便会有所体会。

钱塘江大潮，自古以来被称为天下奇观。

江潮还没有来，海塘大堤上早已人山人海。

钱塘江大潮，自古以来被称为天下奇观。

大家昂首东望，等着，盼着。

那就是：

因为"钱塘江大潮，自古以来被称为天下奇观"，所以"江潮还没有来，海塘大堤上早已人山人海"。

因为"钱塘江大潮，自古以来被称为天下奇观"，所以"大家昂首东望，等着，盼着"。

此刻，再让学生体会课文第二自然段中，第二处对观潮人的描写的作用，学生一定能深刻地感受到，这是从侧面烘托钱塘江大潮是天下奇观，同时也自然地引出下文。

2. 对话"潮来时"

作者用两个自然段的笔墨来描写大潮到来时的景象。因为作者记叙的是人们观潮的盛况，所以离不开对景象的描写，更离不开对观潮人的描写。

作者描写景象时，不仅写了大潮的声，还写了形。三次写声音："隆隆的响声，好像闷雷滚动"；"响声越来越大"；"那声音如同山崩地裂,好像大地都被震得颤动起来"。读者没有听到大潮到来时的声音,却让我们感受到了熟悉的声音——闷雷滚动、山崩地裂,以此让我们如闻其声。

三次写样子:"一条白线""水墙""战马"。作者把读者未见过的事物比作了我们熟悉的事物,让我们读文字,在头脑中便出现了清晰的形象,让我们如见其景。

三次写声音,三次写样子,比较阅读,会感悟到大潮的响声越来越大,大潮越来越近,潮头越来越高,声势越来越猛。钱塘江大潮真不愧是"天下奇观"。

作者在写声音、样子的同时,不忘写观潮人的表现,有以下两处:

顿时人声鼎沸,有人告诉我们,潮来了!我们踮着脚往东望去,江面还是风平浪静,看不出有什么变化。

人群又沸腾起来。

读罢,便感受到了人们内心的惊喜,兴奋,人们的心随着大潮到来一样汹涌澎湃。

大潮到来的景象是汹涌澎湃的,而人们的心也是汹涌澎湃的。人与景融为一体。

第三自然和第四自然段,用结构图标示出来,是这样的:

声+人(人声鼎沸)+声、形+人(沸腾)

形+形+形+声

这就是段式。这样的段式,还可以进行变化,以此达到仿写的目的。

3. 对话"潮过后"

即便是钱塘江大潮过后,这里依然是天下奇观——漫天卷地、风号浪吼、江水已经涨了两丈(约6.6米)来高了。

四、对话文本资源

农历八月十八是一年一度的观潮日,海宁县的盐官镇是观潮最好的地方。钱塘潮一日两次,白天称潮,夜间称汐,中间间隔12小时,尤以每月农历初一至初五、十五至二十为大,所以一年有120个观潮佳日,其实海宁天天可观潮,月月有大潮。

全国模范教师的小学语文教学智慧

审视·品读·感悟
——解读《女娲补天》

文本解读，是语文教师备课过程中最重要的一步，它往往决定着课堂教学的成败。文本解读，具有开放性、多元性、现实性、生成性、个性等特性。文本理解的价值在于实现作者与读者的交流，即通过自己的实际走进文本，走近作者，形成自己对文本的理解。

作为天津市未来教育家奠基工程学员，我们一行五位老师，来到天津市南开区实验学校，聆听李卫东老师进行文本解读。

李老师为我们解读的是人教版三年级下册第八组中的课文《女娲补天》。这是一个流传千古的神话故事，讲的是古时候女娲为了拯救处于水深火热中的人们，冒着生命危险补天的故事。

我们五位老师阅读文本并交流了各自的想法后，静静地聆听李卫东老师的精辟解读。两个小时的时间转瞬即逝，留给我们的思考却是沉甸甸的，更是深刻的。

一、审视文本

审视文本，就是仔细地阅读文本。"审"，有"详细，周密"之意。课文中的一篇篇文本，作为"例子"，作为"范文"，供学生阅读，必须做到周密，不容出半点差错。

1. 审视文本结构

我们一起阅读起课文第一自然段——

自从女娲创造了人类，大地上到处是欢歌笑语，人们一直过着快乐幸福的生活。不知过了多少年，一天夜里，女娲突然被一阵"轰隆隆"的巨大响声震醒了，她急忙起床，跑到外面一看，天哪，太可怕了！远远的天空塌下一大块，露出一个黑黑的大窟窿。地被震裂了，出现了一道道深沟。山冈上燃烧着熊熊大火，田野里到处是洪水。许多人被火围困在山顶上，许多人在水里挣扎。

第一自然段中第一句话概括了女娲造人这个故事。从第二句话起，讲述了许多人所面临的灾难，为"女娲补天"埋下伏笔，所以，从第二句话到第六句话应该另起一段，才能使段落层次更加清楚。

2. 审视标点符号

审视文本，不仅要审视文本结构，还要审视标点。

不久，天火熄灭了，洪水中的人们被救上来了。可是，天上的大窟窿还在喷火。女娲决定冒着生命危险，把天补上。她跑到山上，去寻找补天用的五彩石，她原以为这种石头很多，用不着费多大力气。到山上一看，全是一些零零星星的碎块。她忙了几天几夜，找到了红、黄、蓝、白四种颜色的石头，还缺少一种纯青石。于是，她又找啊找啊，终于在一眼清清的泉水中找到了。

第四句话中出现了两个"她"，显然重复了。而第五句话又缺少了主语"她"。所以，第四、第五句话中的标点应进行如下的修改：

她跑到山上，去寻找补天用的五彩石。她原以为这种石头很多，用不着费多大力气，到山上一看，全是一些零零星星的碎块。

这样一来，既解决了前一句主语重复的问题，又解决了后一句无主语的问题。

审视文本，就要审视文本结构，审视词句标点。指导学生把文本中不当的地方改正过来，本身就是一种学习。这一小小的举动，教师不单单传递给学生知识，更给学生带来了心灵的触动。这一过程中，教师悄然鼓励学生不迷信权威，大胆质疑，激发学生的探究欲望，培养学生养成独立思考的习惯。

二、品读文本

一篇文本，读它"千遍也不厌倦"，才会发现文本中的用词之精妙。语文课堂，引领学生品读精妙词句，才能让学生感受到语言强大的表现力和美妙的神韵，让语文课散发语言魅力。

1. 品读文本结构

五彩石找齐了，女娲在地上挖个圆坑，把五彩石放在里面，用神火进行冶炼。炼了五天五夜，五彩石化成了很稠的液体。女娲把它装在一个大盆里，端到天边，对准那个大黑窟窿，往上一泼，只见金光四射，大窟窿立刻被补好了。

这一段话，细致地描写了女娲炼石、补天的过程。引领学生抓住女娲炼石补天的动词——找、挖、放、炼、装、端、泼，这一过程就是一个一幕接一幕的连续剧，以此来体会作者表达有序。教师帮助学生梳理出这几个步骤，也有助于学生复述课文，提高学生运用语言文字的能力。语文课堂，就是要在学生的心中留下语言。

2. 品读文本词句

在女娲炼石、补天这部分内容里，哪个字作者使用得最精妙？

可以让学生比较地阅读下面的这两句话。

女娲把它装在一个大盆里，端到天边，对准那个大黑窟窿，往上一泼，只见金光四射，大窟窿立刻被补好了。

女娲把它装在一个大盆里，端到天边，对准那个大黑窟窿，往上泼，只见金光四射，大窟窿立刻被补好了。

教师引导学生反复读这两句话，做如下设问——

（1）读一读这两句话，区别在哪里？读第一句话，女娲泼了几下？

（2）泼的是什么？她用了多大的力量去泼？

（3）女娲这一泼，会出现什么情景？发挥你的想象，可以说一句，说两句，说三句，都可以。

（4）她这一泼，会不会有危险？她知不知道这样做会有危险？她为什么还会这样做？

这样的多层次的对话，从一个"一"字，引领学生走进女娲美好的内心世界。人物美好的形象一瞬间在学生的心中树立起来，变得高大。这种品读体味融情入心，在学生的心中必然会留下深深的印痕。语文课堂，就是要在学生心中留下鲜明的形象。

三、感悟文本

阅读完一篇文本，你从中感悟到了什么？不一样的阅历，不一样的心境，可能对文本有着不同的感悟。但作者写成一篇文章，总是要表达自己的一种思想，一种情感，从中体现着自己的价值取向，这是毫无疑问的。我们要传达课文的价值取向，当然也离不开对作者创作本意价值取向的探求。

对于一篇神话故事来说，一要感悟文本的神奇，二要感悟文本的主题。

1. 感悟文本的神奇

"女娲"，这个名字就很特别，很神奇。传说中女娲是九河神女的女儿，伏羲的妹妹及妻子。盘古开天地之后，天穹似锅，而女娲是天地的守护神。翻开《现代汉语词典》，"娲"字的解释只有一条：神话中炼石补天的神。由此可见，这个字是古代劳动人民特地为人们心中那富有神奇色彩的女神女娲而造的。

《女娲补天》的情节也充满了神奇色彩，一阵"轰隆隆"的巨响，天塌地陷，水深火热。雨神的出现，把天火熄灭，让情节更加丰富多彩。雨神可以熄灭山冈的熊熊大火，却熄灭不了天上的大窟窿喷出的火焰。补天之物，竟然是五彩石——红、黄、蓝、白及纯青石。纯青石极难找到，女娲历经艰辛，在清清的泉水中发现了它。五彩石，需用神火冶炼。一个"神"字更富有神幻的色彩。"现在，人们常常看见天边五彩的云霞，传说那就是女娲补天的地方。"文本末尾这一句中"五彩的云霞"与"五彩石"有了关联，引起了读者无限的遐想。

2. 感悟文本的主题

《女娲补天》这则神话故事究竟想表现什么？还是要回到文本中，细读文本中的词句，联系起来，去感悟文本的主题。

自从女娲创造了人类，大地上到处是欢歌笑语，人们一直过着快乐幸福的生活。

文本一开篇，由一句话概括了《女娲造人》这则故事，继而讲起了《女娲补天》。从《女娲造人》，我们便感受到了女娲是造人之神，是母亲之神。一句话，女娲是人类的母亲。

不知过了多少年，一天夜里，女娲突然被一阵"轰隆隆"的巨大响声震醒了，她急忙起床，跑到外面一看，天哪，太可怕了！远远的天空塌下一大块，露出一个黑黑的大窟窿。地被震裂了，出现了一道道深沟。山冈上燃烧着熊熊大火，田野里到处是洪水。许多人被火围困在山顶上，许多人在水里挣扎。

因为女娲创造了人类，当她看到人类遭遇了如此的灾难，她的内心难过极了。她不假思索地求雨神、造木船、寻彩石、炼彩石、补窟窿。她不顾一切要拯救自己的孩子，即使冒着生命危险，也在所不惜。这就是朴素的母爱。

女娲补天，不仅补的是"天"，更是补救了人类的"生活"。不管是女娲造人，还是女娲补天，无不展现了世间大爱——母爱。

享受文本的言语魅力

——解读《桂林山水》

《桂林山水》，这是一篇传统篇目。文章短小精悍，言辞优美，可谓是一篇写景的佳作。我们翻开课文，反复品味其中的一词一句，慢慢地思索、咀嚼，你必定会因为感受到文本的言语魅力而会心一笑。这便是一种享受，享受充满灵性的美丽的文字，享受作者遣词造句的精妙，享受语文的无穷魅力。

一、读懂"桂林山水甲天下"

"桂林山水甲天下"，是一句名句，点明了桂林是闻名遐迩、令人神往的旅游胜地。既然说是"桂林山水"，在"山水"一词中，"山"在前，"水"在后，可为什么在这篇课文中却先写"水"，而后写"山"呢？其实，这是因为在"山水"一词中，如果单看"山"字，则是指"山"，单看"水"字，则是指"水"。如果将"山"与"水"结合在一起，"山水"一词便有三种解释：1.山上流下来的水；2.山和水，泛指有山有水的风景；3.指山水画。在"桂林山水甲天下"这一句中，"山水"的意思便是指风景。既然是指风景，无论先说哪一方面，这又有何妨呢？作者先向我们展现了漓江水的"静""清""绿"。这恐怕是因为作者与这水最为亲近，作者坐在木船上，眼前满是这静静的、清清的、绿绿的漓江水。再读描写漓江水这一自然段，便不难看出，这一自然段的最后的一句话与第一自然段的"荡漾"一词紧紧地呼应。读罢便会感到段与段之间的联系是多么的紧密。

二、品味"荡漾"与"观赏"

第一自然段仅有两句话,第一句话总领全文,概括了桂林山水的奇丽之景堪称天下第一。而第二句话连用了三个动词,"乘着""荡漾""观赏",自然地就引出了作者对漓江水、桂林山的精彩描写。而这一句话中的"荡漾""观赏"两个词语很值得我们去品味。

先品味其"观赏","观"则是"观看"的意思。可作者为什么不用"观看"呢?因为"观赏"还有"欣赏"之意。那"观赏"就是一边观看,一边欣赏。可作者为什么不用"欣赏"呢?"欣赏"既可以与"美景"搭配在一起,又可以和"音乐"搭配在一起。用眼睛去享受、领略的,可以说是"欣赏";用耳朵去享受、领略的,也可以说是"欣赏"。倘若只能用眼睛去享受、领略的,就只能用"观赏"一词。这是作者选用"观赏"一词的理由之一。

那理由之二呢?"观赏"一词与"人们都说:'桂林山水甲天下。'"这一句有着不可分割的关系。因为只有在观看、享受美好的事物的时候,才可以称得上是"观赏"。

而作者选用"观赏"的理由之三呢?这便是细细地观看,慢慢地欣赏,"观看"既可能是细致地观看,又可能是走马观花地观看。而"观赏"就不同了,有"细细品味"的意思,"观"起来会更加细致,一边观,一边享受,一边领略其中的情趣。这句话中的"荡漾"也表达了这一含义。作者说"荡漾在漓江上","荡漾"的意思是一起一伏地动。说得直白点,就是左右轻轻晃动,前行的速度必定是很慢的。由此看来,作者之所以要"荡漾在漓江上",就是要细细地享受,细细地领略。

把课文捧起来,再读一读第一自然段,不难看出"桂林山水甲天下"这一句,与后面三个小分句是呈因果关系的。因为桂林山水甲天下,所以我们才乘着木船来这里;因为桂林山水甲天下,所以我们要荡漾在漓江上;因为桂林山水甲天下,所以我们要观赏桂林山水。

品读文字,足见作者用词的准确与精妙。指导学生学习课文,就是要学习作者如何炼字、炼词的。品读文本，从品读词语开始，继而再去品味句子。由词到句，先读懂词语，再读懂词与词之间的联系，接着读懂词与句的联系，最后要读懂句与句之间的联系。这才可以说，读懂了段落。

三、对话那个"真"字

意思相同的字或词语，它们所融入的感情是不一样的。读书，不光要理解字、词的意思，重要的是，还要体会文字背后的浓浓的感情。

第二自然段中，作者运用排比的手法写出了漓江水的特点。介绍了漓江水三方面的特点，每一个小分句中，都有一个"真"字，"真"与"很""非常""十分"意思相近，但作者为什么不用"很""非常""十分"呢？在读中可以找到答案。一次次地朗读这一句，心中自然会感受到作者心中的欣慰、惊讶和赞美，这种情感又是那样的强烈。读起来，更觉得这是一种自然的流露，不留一点痕迹。作者将内心中真挚的感情融进了朴素的文字之中。

文字无声，但能传情达意。读文，了解它所要表达的意思；读文，更要体会文字传递给你的那份浓浓的情感。

四、咀嚼"静""清""绿"

漓江的水"静""清""绿"，作者先概括出了漓江水的特点，再把漓江水的特点写具体，构成了排比的修辞方法，表现出了句子的形式美、意境美。在写漓江水"绿"的特点时，还采用了比喻的修辞方法，写出了漓江的美。那漓江水"静""清""绿"的特点，能给它们颠倒顺序吗？反复读一读这段话，便发现，只有漓江水"静"，才会发现漓江水"清"，只有漓江水"清"，才会发现在绿树的映衬下很"绿"。从后文就可得知，"像翠绿的屏障，像新生的竹笋，色彩明丽，倒映水中"。所以要先介绍漓江水"静"，再介绍漓江水"清"，最后介绍漓江水"绿"。

漓江水的特点，表面上看，是并列关系，实则不然。留心朗读，才会有所发现。

五、山清水秀才是美

在这篇课文中，作者用大海、西湖与漓江水进行比较，但不是要突出漓江水和桂林山最美，而是想告诉我们大海有着自己的特点——雄壮之美，而西湖也有着自己的特点——柔和之美，漓江水自然也有着自己的特点。虽然没有提到"相比"，但作者通过"看见过……玩赏过……却从没看见过……"向我们传递了这一层意思。而这句话中，"我看见过波澜壮阔的大海，玩赏过水平如镜的西湖，却从没看见过漓江这样的水"，一个"这样的"便设下了悬念，激发读者阅读下文、了解漓江水特点的兴趣。

作者描写桂林山时也是这样，通过"攀登过……游览过……却从没看见过……"告诉了我们桂林山也有着自己的特点。而"这一带"便设下了悬念。

作者描写桂林山时，从山的形态上重点描写，突出了其特点——"奇""秀""险"。但描写其"秀丽"的特点时，也突出了其色彩。山的色彩倒映于水中，漓江的水也是那样的绿。桂林山围绕着漓江水，漓江水倒映着桂林山，"再加上空中云雾迷蒙，山间绿树红花，江上竹筏小舟"。这才是真正的美啊！这是一种和谐美、意境美。

"桂林山水甲天下"真是名不虚传！

写双龙洞，为何还写沿路景色
——解读《记金华的双龙洞》

《记金华的双龙洞》一文是叶圣陶先生于1957年写下的一篇美文。作者按游览的先后顺序，先写了去双龙洞途中的风光，接着写双龙洞洞口和来到外洞，再写怎样通过孔隙来到内洞，最后写出洞。这篇文章的题目是《记金华的双龙洞》，作者要记录下金华的双龙洞的美丽景色，可为什么还要写沿路景色呢？要想读懂这个问题，先要反复朗读课文第二、第三自然段，了解文本的意思。透过文本，读出文字间所隐含的意义，丰富自己的理解。只有这样，才会理解作者写沿路景色的初衷。

课文第二自然段，作者按照从部分到整体的顺序，不仅抓住了景物，而且突出了特点，还表达了感受。

一句一句地读，一句一句地品，细细地咀嚼，你将会有意想不到的发现与惊喜。

山上开满了映山红，无论花朵和叶子，都比盆栽的杜鹃显得有精神。

作者描写了映山红，刻画了其"多"的特点，还刻画了其"有精神"。再联系后文，还会发现这里的映山红颜色多。再读这一句，一个"山上"，一个"满"，足以让我们感受到映山红真多啊！漫山遍野，到处都是。作者用"有精神"来形容映山红的花朵和叶子，夸赞其有生气，相貌好，就是要表达出满山的映山红长势旺盛，花开得娇艳。但作者隐约地去表达这两层意思，使得句子更有韵味。

"映山红"这名字是如何而来呢？只因这种花长在野外，漫山遍野都是，把整座山都映得红彤彤的；"杜鹃"，则是"映山红"的学名。文中的"映山红"不可换成"杜鹃"，原因是"山上开满了映山红"，读着这句话，头脑中就会浮现出满山红杜鹃的美丽画面，文与景融合在了一起。而如果把文中那句中的"映山红"改成了"杜鹃"，那么文与景就不相符了。这足见作者文字功底之深。

油桐也正开花，这儿一丛，那儿一簇，很不少。

作者描写了油桐，也刻画了其"多"的特点。但"这儿一丛，那儿一簇，很不少"，又有了话外之音——油桐很多，但山上不全是。既让我们感受到了作者观察之细致，也感受到作者表达之准确。感悟文本，就是要感悟作者是如何锤炼语言的。

粉红色的山，各色的映山红，再加上或浓或淡的新绿，眼前一片明艳。

这句话中，作者将景物与其特点融合在一起，而且还自然而然地表达了自己的感受——"眼前一片明艳"。将感受融入词句中，读起来更让人感受到一种真情、一种实感，从而使得读者与作者产生共鸣。读书，便成为了心灵与心灵对话的美好历程。

那何为"明艳"？明艳，就是鲜明艳丽。粉红色的山，漫山遍野的映山红，自然会让人感到艳丽。而在这漫山遍野之中，还有那或浓或淡的新绿，所以看上去十分鲜明。在反复朗读中，从这朴素的文字间不仅读出了隐含在文字背后之意，而且还读懂了词与词之间的联系，也读懂了句与句之间的联系。朗读思考之后，不禁豁然开朗。

在描写沿路的景物时，作者还具体、生动地描绘了溪流。文中是这样写的：

随着山势，溪流时而宽，时而窄，时而缓，时而急，溪声也时时变换调子。

作者运用了两组反义词，准确、形象地概括了溪流的特点。倘若山势平坦，溪流的流面就宽，流速就缓；倘若山势陡峭，溪流的流面就窄，流速就急。这样引发出的结果就是"溪声也时时变换调子"。可见，这句话前后分句的关系是因果关系。再读这句话，你会发现，一个"变换调子"竟也融入了作者的感受。作者说"溪声也时时变换调子"，这分明是把溪声当作了乐曲，听溪流的声音，如同听乐曲一般，这朴实的文字间不就流露出了作者内心中真切的感受了吗？它洋溢着快乐，它洋溢着愉悦。这种感受表达得不同于上一自然段那么直白，它表达得含蓄，这才方显文字的魅力，语言的魅力。

作者本是游览双龙洞，记下双龙洞的美丽景色。可作者却用相当多的笔墨描写沿路的景物，抓特点，抒真情，情景交融，借景抒情。面对眼前山清水秀之美景，耳畔又传来美妙之声，真可谓是有声有色，高兴、赞美之情溢于言表。再试想，沿路已如此美丽，那双龙洞位于其中，更值得一游，这也为下文做了很好的铺垫和衬托。

全国模范教师的小学语文教学智慧

尽观景之美、文之美

——解读《颐和园》

《颐和园》这篇课文描绘了北京颐和园的美丽景观,全文层次清楚,首尾呼应,语言生动优美、具体形象,处处洋溢着作者对颐和园的赞美之情。

一、尽观《颐和园》景之美

作者在开篇概括地介绍"北京的颐和园是个美丽的大公园",文章的开始部分是多么的简洁!一句话,无非是想突出颐和园的"大"和"美"的特点,可谓是直接表达。

再看文章的结尾,表达得就比较含蓄了——"颐和园到处有美丽的景色,说也说不尽,希望你有机会去细细游赏"。

"到处""说也说不尽",总结了颐和园的美丽景色真是不少,细细想想,那颐和园能不大吗?"细细游赏",景色能不美吗?

当学生读完文章的开始部分和结尾部分,会很自然地产生要游历文本、细细游赏《颐和园》的兴致。完成一篇文章,需要设置悬念;执教一堂课,更要设置悬念。悬念,会让学生走进文本,游历文本,细细游赏颐和园的美丽景色,细细赏读《颐和园》的文本秘妙。

1. 名称之美

当老师板书课题时,要提醒学生注意"颐"的笔顺。提笔即是练字时,这便体现了教师对学生习字指导。随即点拨"颐"是什么意思。学生一定会感到畏难,所以教师的讲也是必须的。颐:保养。其

名为"颐养太和"之义。

一两句话，让学生了解了"颐和园"名为何意，淡淡的文化气息也在课堂中慢慢地散开。

2. 长廊之美

颐和园的长廊位于万寿山南麓，南临昆明湖，北依万寿山，东起邀月门，西止石丈亭。颐和园长廊，全长728米，共273间，是中国园林中最长的游廊，已被列入"吉尼斯世界纪录"。

对于语文课堂教学，要鼓励学生"读"懂一切，通过细细赏读文本中的一词一句深深地感受到长廊的美。为此，为师者要设计这样一个练习：

阅读课文第二自然段，思考：颐和园的长廊是_____的廊。

引领学生阅读文本，要带着明确的要求进行阅读，当学生反复阅读文本后，再去思考所提问题，学生是将文本语言转化为自己的阅读感悟，学生一定会这样回答——颐和园的长廊是美丽的廊、是芬芳的廊、是有名的廊……这便是引领学生在阅读中感悟文本，简单地说，就是读中感悟。至此，学生也读懂了文本中"就来到有名的长廊"中"有名"一词的含义。文本中"有名"一词原本有些抽象，现在却变得具化了。

在品读完描写长廊的部分后，适当引入资料——廊上的每根横槛上都有彩绘，具体地说，共有图画14000余幅，内容包括山水风景、花鸟鱼虫、人物典故等。画中的人物画均取材于中国古典名著。

学生便真切地感受到长廊的美在于图画数量多、种类多、内容多。此刻学生在心中不禁感叹：啊！颐和园的长廊真美啊！

学生由衷地感受到这一点后，再去欣赏那独一无二的画作时，依旧嘘声阵阵。

3. 昆明湖之美

作者用"镜子"和"碧玉"来比喻昆明湖水的"静"和"绿"，还用一个"滑"字衬托昆明湖的"静"，意味无穷，颇具匠心。作者采用动静结合的方式，用文字展现了昆明湖的美。

在品读这一句"游船、画舫在湖面慢慢地滑过，几乎不留一点儿痕迹"时，教师可以鼓励学生采用比较的学法，"滑"与"划"进行比较，体会作者的用词准确。这一个"滑"既照应了前文——"昆明湖静得像一面镜子"，又呼应了后文——"几乎不留一点儿痕迹"，彰显了昆明湖的平静之美。

二、尽观《颐和园》文之美

《颐和园》这篇文章，不仅体现了文本的结构美，还体现了文本的语言美。细细赏读，你便会发现曾经没有留意到的文本之美。

1. 文之美——有承有启

当学生品读了自然段的开始部分后，教师鼓励学生把第二～五自然段的首句连在一起读一读，学生边读边有所悟，原来它们是作者游览的路线，是文中的过渡句——承接了上文，引起了下文。难怪段与段之间联系那么紧密。

学生一次次地朗读过渡句中的一个又一个动词，相信在学生的心中留下了记忆，学生的眼前出现了画面，感受到了作者在慢慢地移动，景色也悄然变化着。

而后，再次设下课堂教学的悬念——作者是怎样写具体的？是怎样突出景点特点的？

2. 文之美——有呼有应

文本不仅首尾呼应，而且前后呼应。当学生阅读到描写"十七孔桥"时，教师引领学生阅读前文，寻找与之相呼应的句子时，学生立刻发现了前文"几千幅画没有哪两幅是相同的"与后文"没有哪两只是相同的"前后照应。

依据文本的特点，此时，教师鼓励学生将句子概括成词语，学生说——独一无二、各不相同……这是引领学生进行语言的内化，学会积累。

3. 文之美——有悬有念

文本中的语言可谓精妙，这缘于言语的形式。如：

抬头一看，一座八角宝塔形的三层建筑耸立在半山腰上，黄色的琉璃瓦闪闪发光。那就是佛香阁。

作者介绍佛香阁时，仅仅这一句话，那介绍了佛香阁的哪些特点呢？可以说，突出了很多个特点。怎样才能让学生感受到这些特点？教师可以设计这样的练习：

读句子，说说"＿＿＿＿＿＿的佛香阁"。

学生的回答：一座八角宝塔形的佛香阁，三层的佛香阁，耸立在半山腰上的佛香阁，琉璃瓦闪闪发光的佛香阁。

而后，再次鼓励学生比较阅读：

抬头一看，一座八角宝塔形的三层建筑耸立在半山腰上，黄色的琉璃瓦闪闪发光。那就是佛香阁。

佛香阁是一座八角宝塔形的三层建筑，耸立在半山腰上，黄色的琉璃瓦闪闪发光。

学生在比较阅读中，发现了异同，并在反复朗读的基础上，终于发现原句中先是"抬头一看"，必将激发读者阅读下文的兴趣。而句子末尾处点出前面所描写的景物是——"佛香阁"。这就是作者的巧妙之处，采用倒装句，设下悬念。

学习美丽的《颐和园》，学生不仅感受到了颐和园的景色美丽，更感受到了《颐和园》的魅力所在，在阅读中学习表达，让读与写紧紧结合起来。

读是前提，读是积累，只有充分地读，有目的地读，能吸收地读，将来学生才会流利地写、轻松地写，不仅会写，而且还能写得更好。

全国模范教师的小学语文教学智慧

弱小的渔翁最终战胜强大的魔鬼
——解读《渔夫的故事》

《渔夫的故事》选自古代阿拉伯著名的民间故事集《一千零一夜》。这是一个充满智慧的故事，很是引人入胜。

一、情节巧妙

魔鬼在讲述为什么要杀救命之恩的渔夫时，采用了重复的手法。但是细读过后，就能清晰地感受到魔鬼内心产生的微妙变化。

"你要知道，"魔鬼说，"我是个无恶不作的凶神，曾经跟所罗门作对，他派人把我捉去，装在这个胆瓶里，用锡封严了，又盖上印，投到海里。我在海里待着，在第一个世纪里，我常常想：'谁要是在这个世纪里解救我，我一定报答他，使他终身享受荣华富贵。'100年过去了，没有人来解救我。第二个世纪开始的时候，我说：'谁要是在这个世纪里解救我，我一定报答他，把全世界的宝库都指点给他。'可是没有人来解救我。第三个世纪开始的时候，我说：'谁要是在这个世纪里解救我，我一定报答他，满足他的三种愿望。'可是整整过了400年，始终没有人来解救我。我非常生气，我说：'从今以后，谁要是来解救我，我一定要杀死他，不过允许他选择怎样死。'渔夫，现在你解救了我，所以我叫你选择你的死法。"

魔鬼在海里待着的最初300年里，他分别要以"终身享受荣华富贵""把全世界的宝库都指点给他""满足他的三种愿望"报答救他的恩人。由报答的内容逐渐地缩小，不难体会出魔鬼的心情也出现了变

化：十分感激——感激——感谢。当第四个世纪开始的时候，魔鬼的内心充满了愤怒，不过他的内心还是有一点感念的——至少让救他的人选择怎样死。

也正是这个环节的巧妙安排，为后文渔夫用智慧战胜魔鬼留下了时间和空间，为后文的情节发展埋下了伏笔。

学生喜欢阅读这个民间故事，学习完这则民间故事的时候，学生很自信地说："如果下一次再有人救了魔鬼，魔鬼一定会立刻把他杀掉，绝不会让他选择死法。"

呵呵，学生的想法很奇特，但也很有道理。我马上反问道："还会有下次吗？"

"下流无耻的魔鬼，你这是说谎呀！"渔夫一边把胆瓶挪近岸边，一边说："我要把你投到海里，这一回非叫你在海里住一辈子不可。我知道你是坏透了的。我不仅要把你投到海里，还要把你怎样对待我的事告诉世人，叫大家当心，捞着你就立刻把你投回海里去，让你永远留在海里！"

学生读完故事的结尾，完全释然了——魔鬼再也没有这样的机会了。可见渔夫的智慧非凡，不仅制服了魔鬼，还要让魔鬼在海里住一辈子。这一结尾无不告诉世人：智慧可以战胜邪恶，永远永远。

渔夫要把魔鬼的事"告诉世人"，这一情节在原文中是没有的。可见，编者加上这一内容，是为了引发读者对这一内容的深思。同时，故事向我们阐释的道理又是深刻的。

二、巧妙对比

无意间，我翻开了《一千零一夜》，想读一读原文。我先阅读了目录，惊讶地发现，这个故事在原著中的题目是《渔翁和魔鬼》。于是，两个形象同时出现在了我的脑海里。一个弱小，一个强大；一个善良，一个凶残……两个截然不同的形象出现在眼前，由此，在头脑中闪现着一个个问号：他们之间究竟发生了什么？结果是渔翁遇害？还是渔翁战胜了魔鬼？真是这样，又是怎样战胜的呢？

原著中的这个题目《渔翁和魔鬼》，文字背后是鲜明的形象，巧妙地运用了对比，激起了读者阅读遐想，使读者带着强烈的阅读兴致完成美妙的阅读之旅。

我放下《一千零一夜》，再次一遍遍地阅读着课本中的《渔夫的故事》，文中两次描写用锡封的黄铜胆瓶。

第一次：

打开网一看，发现网里有一个黄铜胆瓶，瓶口用锡封着，锡上盖着所罗门的印。

第二次：

渔夫见青烟全进了胆瓶，就立刻拾起盖印的锡封，把瓶口封上，然后学着魔鬼的口吻大声说："告诉我吧，魔鬼，你希望怎样死？现在我决心把你投到大海里去。"

两次描写胆瓶，比较阅读，便会发现其中的不同。封胆瓶的人是不同的，前一次是所罗门，后一次是渔夫；魔鬼进入胆瓶的方式是不同的，前一次是所罗门凭力量，后一次是渔夫凭智慧。

当我再一次阅读原著中的题目《渔翁和魔鬼》时，便会真切地感到：弱小的渔翁最终战胜了强大的魔鬼。强大的魔鬼拥有力量，弱小的渔翁拥有智慧，富有智慧的人永远是最强大的，最富有力量的。正义终究是要战胜邪恶的。

如果读故事之前，我会在"渔翁"与"魔鬼"之间画上一个"小于号"，可读完了故事之后，恰恰相反，在他们之间要画上一个"大于号"。这就是阅读的魅力。阅读，可以改变一个人，改变他的认知，改变他的思考，改变他的思维、生活方式，以致改变他的成长轨迹。

略读课：即教略读，而非略教读

——解读《卡罗纳》

翻开小学语文课本，在中高年级中，不仅有"精读"的教材，还有"略读"的教材。

叶圣陶先生指出，略读如果只任学生自己去着手，而不给他们一点指导，很容易使学生在观念上发生误会，以为略读只是"粗略地"阅读，甚至是"忽略地"阅读，就此了事。这是非常要不得的，积久养成不良习惯，就终身不能从阅读方面得到多大的实益。略读的"略"字，一半系就教师的指导而言——还是要指导，但是只须提纲挈领，不必纤屑不遗，所以叫作"略"。一半系就学生的功夫而言——还是要像精读那样仔细咀嚼，但是精读时候出于努力钻研，从困勉达到解悟，略读时候却已熟能生巧，不须多用心力，自会随机肆应，所以叫作"略"。无论教师与学生都须认清楚这个意思，在实践方面又须恰如其分。做得到家，略读一事才会收到它预期的效果。

可见，在叶老看来，略读，是一种阅读的方法。作为语文教师，我们要教略读，而不是略教读。

再看"略读课文"，它是学生运用所学阅读知识，进行独立阅读、理解的良好范例，是培养学生独立阅读能力的重要途径。通过自己阅读获取信息，培养学生独立阅读能力。略读课是学生独立阅读的实践机会，个体自读与合作交流是略读课文学习的重要方式，课堂的绝大部分时间应该用于自读与交流，当然，也要很好地体现教师的引导作用。略读课文的教学也是语文教学的一个重要部分，只要教学得法，它所发挥的作用也并不比精读课文教学的作用小。略读课文的教学不容轻视。

以《卡罗纳》一课为例，在李卫东老师的指导下进行了教材解读。我静静地聆听李老师的解读，获益匪浅。

一、读通，梳理文本

当我们一遍一遍地阅读文本，用不同的符号标出不同人物的行为举止，纵向比较阅读，才会发现文本中隐藏的秘妙。

卡罗纳

① 卡罗纳的母亲病得很厉害，卡罗纳很多天没来上学了。昨天上午，我们刚走进教室，<u>老师就对大家说："卡罗纳的母亲去世了，这个可怜的孩子遭到了巨大的不幸。他明天要来上课，孩子们，你们要庄重严肃，热情地对待他。任何人都不许跟他开玩笑，不许在他面前放声大笑！"</u>

② 今天上午，可怜的卡罗纳来到了学校。他面容灰白，眼睛哭红了，两腿站不稳，好像他自己也大病了一场似的。我心里不由得泛起一阵同情和怜悯，<u>大家都屏息凝神地望着他。</u>

③ 卡罗纳走进教室，突然放声大哭起来。他一定是想起了往日的情景。那时候，母亲差不多每天都来接他；要考试了，母亲总是俯下身来向他千叮咛万嘱咐。<u>老师把卡罗纳拉到自己胸前，对他说："哭吧，痛痛快快地哭吧，可怜的孩子！但你要坚强！你母亲已不在这个世界上了，但她能看见你，她依然爱着你，她还生活在你身边。孩子，你要坚强哟！"</u>

④ 老师说完，卡罗纳回到座位上，挨着我坐下。卡罗纳翻开书，当他看到一幅母亲拉着儿子的手的插图时，突然双手抱住脑袋，趴在桌子上号啕大哭。<u>老师暗示大家暂时别管他，开始上课。</u>我本想跟他说几句话，但不知说什么才好，就把一只手放在他的肩膀上，脸贴在

他的耳朵上，对他说："卡罗纳，别哭了。"

⑤ 他什么也没说，也没有抬起头来，只是把他的手放在我的手上。

⑥ <u>放学的时候，大家围在他身边，谁都没有说话，只用关切的目光默默地看着他。</u>

⑦ 我看见母亲在等我，跑过去扑进她的怀抱。母亲把我推开了，她目不转睛地望着卡罗纳。当时我并不明白母亲的用意。过了一会儿，我发现卡罗纳独自站在一边端详着我，他的目光里充满着无法形容的悲哀，那神情仿佛在说："你可以拥抱妈妈，我却再也不能了。"

⑧ 我恍然大悟，没去拉母亲的手，却拉起卡罗纳的手，和他一块儿回家去。

我们经历了集体备课，更加深刻地认识到，备课的第一步就是要反复阅读文本，尤其是写人记事的文章，一定要梳理出各个人物各描写了多少次。一目了然，卡罗纳遭遇了不幸，5次对他进行描写。大家给予了他同情与关爱，描写老师3次，描写"我"3次，描写同学们2次，描写"我"的母亲1次。做到了这些，便做好了备课的准备。

二、读透，品味文本

再一次阅读文本，我们不难发现，第二、第三、第四自然段，段落结构是相同的，先写卡罗纳，再写大家对他的同情与关爱。其实，第一自然段，也属于这种构段方式。第七、第八自然段，先描写母亲的行为，再写卡罗纳的举止，最后写他人对他的关爱。在前面采用的构段方式的基础上，又富有了一点变化。文章的构段方式富有变化，才能给读者带来新鲜感，调动读者的阅读兴趣。

四年级的教学以"段"为教学单位，指导学生学习构段方式，这是中年级课堂教学的重点。这里的"段"既指自然段，也可包含意义段。

学生感知了作者是如何将这十余次的描写组织成一篇文章后，再

全国模范教师的小学语文教学智慧

引导学生细读文本，体会课文中关键词句表达情意的作用。那么，作者对人物的14次描写中，反复地体会，哪几次描写最值得学生反复阅读，品味语言背后之意呢？

其一，是第三自然段中老师对卡罗纳的安慰：

老师把卡罗纳拉到自己胸前，对他说："哭吧，痛痛快快地哭吧，可怜的孩子！但你要坚强！你母亲已不在这个世界上了，但她能看见你，她依然爱着你，她还生活在你身边。孩子，你要坚强哟！"

老师说的四句话中，使用了三个感叹号。老师对卡罗纳浓浓的爱不仅蕴含在文字间，也散发在小小的标点中。"哭吧，痛痛快快地哭吧"，哭，是让卡罗纳减少内心中的痛苦，把痛苦的情绪完全发泄出来。"你要坚强"，给予了孩子无限的鼓励与期待。"但她能看见你，她依然爱着你，她还生活在你身边"，话语温馨，流露出了老师对孩子的安慰，传递给孩子的是温暖，婉转地告诉孩子他并不是孤独的，给孩子以精神上的慰藉。"孩子，你要坚强哟"，再一次给孩子以精神上的鼓励。

其二，是母亲把我推开的动作描写：

母亲把我推开了，她目不转睛地望着卡罗纳。

一"推"一"望"，这是课文中最精彩的描写。母亲为什么把"我"推开了，为什么目不转睛地望着卡罗纳？母亲的心是敏感的，担心卡罗纳看到母子俩手挽手离开学校，内心会受到刺激，所以一把把"我"推开了。细微的动作，展现了妈妈对卡罗纳的理解与爱意。理解关键词句表情达意的作用，这正是语文课上所要完成的内容。

三、读精，深悟文本

四年级语文训练重点，教师要指导学生把文本中相关的两三个自然段合并在一起阅读，或者是跨越自然段，把篇章联系起来，前后比较阅读。

在上学和放学时，作者三次对卡罗纳的"哭"进行了描写。

卡罗纳走进教室，突然放声大哭起来。他一定是想起了往日的情景。

老师说完，卡罗纳回到座位上，挨着我坐下。卡罗纳翻开书，当他看到一幅母亲拉着儿子的手的插图时，突然双手抱住脑袋，趴在桌子上号啕大哭。

过了一会儿，我发现卡罗纳独自站在一边端详着我，他的目光里充满着无法形容的悲哀，那神情仿佛在说："你可以拥抱妈妈，我却再也不能了。"

"放声大哭""号啕大哭""无法形容的悲哀"，为什么卡罗纳会有这样的表现？一是想起了往日妈妈关爱自己的情景，二是看到了母亲拉着儿子的手的插图，三是看到"我"扑进母亲的怀里。纵向比较这三个内容，先是想到的，而后是看到的，最后看到了身边的好朋友得到了母亲的关爱，真实的画面出现在了眼前，这给卡罗纳带来了越来越直接的刺激，以至于他的情绪越来越悲痛，而不能自拔。"无法形容的悲哀"，作者已经找不到词语能够形容他内心中的伤痛。人最悲痛的时候，往往是哭不出来了。

教学中，也可以在学生熟读的基础上，让学生比较阅读，深入思考，"放声大哭""号啕大哭""无法形容的悲哀"，它们在表达程度上有没有区别，能不能调换顺序？

当学生读懂了卡罗纳的内心世界后，再回过来，二次理解——

母亲把我推开了，她目不转睛地望着卡罗纳。

我恍然大悟，没去拉母亲的手，却拉起卡罗纳的手，和他一块儿回家去。

母亲为什么把"我"推开了，望着卡罗纳？为什么"我"没有拉母亲的手，却拉起了卡罗纳的手？

这二次理解，学生的内心一定会有了更加深刻的感悟。

略读课，在教师的必要指导下，学生还是要像精读那样仔细咀嚼，但他们利用精读课习得的方法，略读时候却已熟能生巧，不须多用心力，自会随机应变。人物形象、内心情感、文本语言留在了学生的心底，学生学习能力也随之获得了发展。

这样的语文课，对于学生来说，是充满意义、充满乐趣的。

真是一只"高傲"的白鹅
——解读《白鹅》

《白鹅》是著名漫画大师、散文家丰子恺先生的作品。丰子恺先生，号子恺，浙江崇德（今桐乡）人。他早年就读于浙江省立第一师范学校，随李叔同学习绘画。1926年出版第一本漫画集《子恺漫画》。他一生涉猎文学、绘画、音乐、翻译、书法等各个艺术领域，并都取得了杰出的成就。

《白鹅》这篇散文写于1946年夏天，其实是作家丰子恺先生对三年"沙坪小屋"生活的一种回忆。1942年，丰子恺先生到重庆的国立艺术专科学校任教务主任。当时，他住在一个叫"沙坪坝"的地方，先是借租别人的房子，后来在空地上自建了几间平房，并给它起名"沙坪小屋"。他在院子里种了蚕豆等作物，还养了一只朋友送来的白鹅，给丰子恺先生带来了一段最难忘的时光。

《白鹅》这篇散文描绘了一只高傲的白鹅，字里行间流露出作者对白鹅的喜爱、欣赏之情。这篇文章共有七个自然段，结构严谨，条理清晰，语言活泼、准确，重点描绘了白鹅性格的特点——高傲。细细地品读这篇散文，一词一句都凝聚了作家深深的思考。

一、过渡，让结构更严谨

在这篇散文中，作者从姿态、叫声、步态、吃相四个方面，展现了白鹅高傲的特点。课文第二自然段："鹅的高傲，更表现在它的叫声、步态和吃相中。"在这一自然段中，作者省略了一方面内容。如果把这段话写完整,那就是:"鹅的高傲,表现在它的姿态上,更表现在它的叫声、步态和吃相中。"正是作者这样简练地表达,让文字凝练且富有生趣。

课文第二自然段自然地承接了上文,同时又引出了下文。这一自然段,既概括了课文的内容,又将前后内容巧妙地联系在了一起,做到了结构严谨。这便是作者下笔前的精心构思。

二、概括,让表达更清楚

在这篇散文里,作者详细介绍了白鹅的"叫声""步态""吃相"。不论作者写哪方面内容,都采用了"先概括后具体"的方法。一句句概括句让学生读懂每部分的主要意思:"鹅的叫声,音调严肃郑重,似厉声呵斥。""鹅的步态,更是傲慢了。""鹅的吃饭,常常使我们发笑。"作者围绕着概括句,把内容写具体,写明白。这样的段式适合于中年级的学生进行仿写。

三、对比,让特点更突出

对比手法,是文学创作中常用的一种表现手法,是把对立的意思或事物、或把事物的两个方面放在一起作比较,让读者在比较中分清好坏、辨别是非。运用这种手法,有利于充分显示事物的矛盾,突出被表现事物的本质特征,加强文章的艺术效果和感染力。

《白鹅》一课中,作者多次运用了对比的手法。比如:"鹅的步态,更是傲慢了。大体上与鸭相似,但鸭的步调急速,有局促不安之相;鹅的步调从容,大模大样的,颇像京剧里的净角出场。"通过对比,白鹅步态的特点更加鲜明,展现出了它"步调从容"。此外,作者还通过对狗"躲在篱边窥伺""敏捷地跑过来,努力地吃它的饭""立刻逃往篱边,蹲着静候"等描写,展现出了白鹅的从容不迫,一丝不苟。

四、反语，让语言更风趣

阅读这篇散文，我们不禁总是要笑出声来。这就缘于作者运用了反语，如"鹅老爷""架子十足"等似乎含有贬义，其实是表达了作者对鹅的喜爱之情的词语。尤其是作者描写鹅吃饭的画面，真是让人如临其境。"……必须有一个人在旁侍候，像饭馆里的堂倌一样。""鹅便昂首大叫，似乎责备人们供养不周。""因此鹅吃饭时，非有一个人侍候不可，真是架子十足！"读罢，不禁从心中感受到：真是一只高傲的白鹅啊！在丰子恺的眼里，白鹅俨然就是一位高傲而固执、忠诚而可爱的朋友。

五、补充，让阅读更精彩

《白鹅》原文很长，除了课文选摘的部分，还有不少精彩段落。这两段话就选摘自原文《白鹅》。

鹅给我的印象最深。因为它有那么庞大的身体，那么雪白的颜色，那么雄壮的叫声，那么轩昂的态度，那么高傲的脾气和那么可笑的行为。在这荒凉岑寂的环境中，这鹅竟成了一个焦点。凄风苦雨之日，手酸意倦之时，推窗一望，死气沉沉；惟有这伟大的雪白的东西，高擎着琥珀色的喙，在雨中昂然独步，好像一个武装的守卫，使得这小屋有了保障，这院子有了主宰，这环境有了生气。

我的小屋易主的前几天，我把这鹅送给住在小龙坎的朋友人家。送出之后的几天内，颇有异样的感觉。这感觉与诀别一个人的时候所发生的感觉完全相同，不过分量稍微轻微而已。原来一切众生，本是同根，凡属血气，皆有共感。所以这禽鸟比这房屋更是牵惹人情，更能使人留恋。现在我写这篇短文，就好比为一个永诀的朋友立传、写照。

透过这两段文字，我们无不体会到洋溢在作家心中的那份浓浓的情感——博爱仁慈、对生命充满怜悯爱护。这份情感融入了一词一句中，牵动读者的心肠，引发读者与作者产生共鸣。

丰子恺先生写动物的散文很多，如《蝌蚪》《蜜蜂》《蟹》《白象》《贪污的猫》……阅读丰子恺先生笔下的动物，细细体会作家对动物的那份真挚的感情。

文路·文体·文题·文眼·文采
——解读《威尼斯的小艇》

《威尼斯的小艇》是人教版五年级下册中的一篇课文，这一组的单元主题是"异域风情"。《威尼斯的小艇》向我们展示了一幅多姿多彩的异国风情画卷。

马克·吐温不仅是一位作家，还是一位世界旅行家。跟随作家马克·吐温乘一艘小艇，我们细细品味《威尼斯的小艇》的文路、文体、文题、文眼、文采。

一、文路

翻开《威尼斯的小艇》，究竟作家向我们展现了什么呢？我们一段一段细细地阅读，慢慢地梳理，文章的思路也会随之清晰。

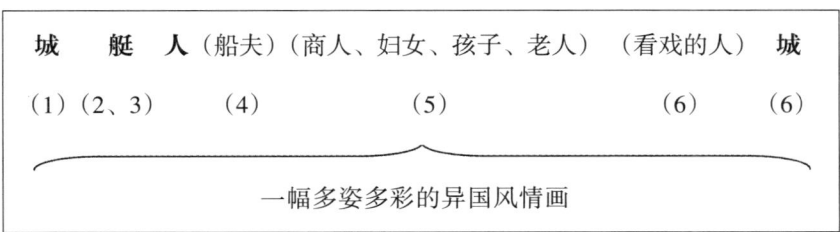

这就是文章的思路，简言之"文路"。其实，作家在创作之前，在头脑中就出现了这条线路，即他先写什么，再写什么，接着写什么，最后写什么。这就是作者写文章的思路。

《威尼斯的小艇》一文中，作家用文字向我们展现了威尼斯那城、那艇、那人。

二、文体

当我们初次阅读课文的题目和课文后,也许会感觉这是一篇状物散文,即介绍威尼斯小艇的样子、船夫驾驶小艇的高超技术以及小艇的重要作用。

这真是一篇状物散文吗?

我们细细阅读课文,感知作家的文路,即写城、写艇、写人。读到这里,我们不禁觉得这绝不是一篇状物散文,而是一篇游记。

细细地阅读文本,不禁发现——

威尼斯是世界闻名的水上城市,河道纵横交错,小艇成了主要的交通工具,等于大街上的汽车。

……

水面上渐渐沉寂,只见月亮的影子在水中摇晃。高大的石头建筑耸立在河边,古老的桥梁横在水上,大大小小的船都停泊在码头上。静寂笼罩着这座水上城市,古老的威尼斯又沉沉地入睡了。

课文一开篇,便点出"威尼斯是世界闻名的水上城市",结尾又以"古老的威尼斯又沉沉地入睡了"为结束。显而易见,作家极力展现威尼斯的独特风情。

细细地阅读文本,不禁再次发现——

我们坐在船舱里,皮垫子软软的像沙发一般。

我们打开窗帘,望望耸立在两岸的古建筑,跟来往的船只打招呼,有说不完的情趣。

我们的眼睛忙极了,不知看哪一处好。

很显然,作家是以一位游客的身份,走进了威尼斯,用文字记录下了自己的所见所闻所感。这正是游记的写作特点。

细细地阅读文本,不禁还发现——

船夫的驾驶技术特别好……

对于一个威尼斯人来说，当他领略了船夫的驾驶技术，也许习以为常了。但对于来自异国他乡的马克·吐温来说，便感受到了新奇和有趣。这船夫，正是他游览威尼斯时给自己留下深刻印象的人。

此外，从这一组课文的单元主题——异域风情看来，《威尼斯的小艇》不是状物散文，而是一篇游记散文。

三、文题

既然《威尼斯的小艇》是一篇游记，而作者展现的正是威尼斯这座具有独特魅力的水城风情，可作者为什么偏偏以《威尼斯的小艇》为题呢？

课文展现了威尼斯那城、那艇、那人，那城与小艇有着必然的联系——因为威尼斯是水城，小艇就成了主要的交通工具；那人与小艇有着密不可分的联系——因为威尼斯是水城，人们的活动更是离不开小艇。

小艇就成了城市的生命线，缺失了小艇就是缺失了城市的活力、城市的节奏、城市的灵魂！作者捕捉到了小艇，从这一独特的视角，展现异域城市的独特魅力。小艇成为了文章的线索，课文正是以文章的线索为题。

尽管作家展现的是威尼斯的异国风情，但以小艇为题，在读者阅读这篇文章后，内心中就产生了一种错位的感觉，即题目与文章内容并不完全符合。这种错位，让文章充满了情趣。

阅读的情趣，不正在于此吗？

四、文眼

文眼，就是文章的眼睛。眼睛，是心灵的窗户。透过眼睛，可以阅读到人的内心世界。透过文章的眼睛，可以抓住文章的灵魂，触摸作家的写作目的。

文章中最能显示作者写作意图的词语或句子叫文眼。文眼是窥看主题思想的窗口，是厘清全文脉络的筋节，是掌握文章各部分相互联系的关键。

《威尼斯的小艇》这篇课文的文眼在哪里？它隐藏在作家的真挚的感受中。

我们打开窗帘，望望耸立在两岸的古建筑，跟来往的船只打招呼，有说不完的情趣。

《现代汉语词典》中对"情趣"有两项解释：1. 性情志趣；2. 情调趣味。威尼斯小艇带给他的是哪一种感觉？当然是情调和趣味。再联系这句话，作者究竟看到了什么，让他感受到了情调和趣味？城——耸立在两岸的古建筑；艇——来往的船只；人——船上的威尼斯人。

再联系整篇文章去感受带给作家情调与趣味的，便是：城——第一、第六自然段；艇——第二、第三自然段；人——第四、第五、第六自然段。

我们把全篇文章读成了一个词，那就是——情趣。这个词，就是文章的眼睛，称为文眼。

五、文采

文章的文采主要通过其优美的语言表现出来。细细地品味《威尼斯的小艇》，一字一词都散发着浓浓的文采。

威尼斯的小艇有二三十英尺长，又窄又深，有点儿像独木舟。船头和船艄向上翘起，像挂在天边的新月，行动轻快灵活，仿佛田沟里的水蛇。

威尼斯的小艇像不像独木舟呢？"有点儿像"，让我们体会到不完全像。作家的文采表现在用词的准确到位。作家不仅把小艇比作了"独木舟"，还比作了"新月""水蛇"。作家没有比作"明月""月亮"，而是比作一轮"新月"，刻画出了其形象，易于在读者的头脑中呈现出画面——两端弯弯。重点的是，还带有一丝浪漫的情怀。"水蛇",虽然比"蛇"多了一个"水"字,可谓妙不可言!其一,它们都在水中活动;其二,凸显了细长、行动快的特点。

水面上渐渐沉寂,只见月亮的影子在水中摇晃。高大的石头建筑耸立在河边,古老的桥梁横在水上,大大小小的船都停泊在码头上。静寂笼罩着这座水上城市,古老的威尼斯又沉沉地入睡了。

夜晚的威尼斯,这座古老的城市散发着迷人的魅力。水面宁静,月影摇曳,高大的拜占庭或哥特式建筑,一座座古老的桥梁。一个"横"字道不尽的情趣与安详。作家的文采就是体现在一字一词一句中,准确而传神。

阅读《威尼斯的小艇》,我们细细体悟文路、文体、文题、文眼、文采,这也是阅读的情趣。

第二辑

实践，生长教学之智

教学设计是提高课堂教学效率的最重要环节之一。一堂精彩的小学语文课，规范严谨的教学设计、科学合理的时间分配、全员主动的课堂参与度、有丰富内涵的延展渗透、巧妙新颖的板书设计、灵活高效的教法选取、聚焦长远的"大语文观"都是其必备因素。培养学生语文核心素养，让语文课更具有语文味。

随文识字，助力学生语文素养的提升
——《揠苗助长》教学设计

一、教学目标

1. 通过看图想象、随文识字等方式，认识"焦""筋""疲"等字，书写"筋"和"疲"。

2. 通过多种方法，理解字义、词义，感悟词语之间的联系。了解故事内容，在朗读、感悟和讨论中，结合生活实际体会故事蕴含的道理。

3. 通过推荐寓言故事，激发学生阅读寓言故事的兴趣，从中获得深刻的启示。

二、教学重点

了解故事内容，在朗读、感悟和讨论中，感悟词语之间的联系，结合生活实际体会故事蕴含的道理。

三、教学难点

认识"焦""筋""疲"等字，书写"筋"和"疲"，体悟寓言包含的深刻启迪。

四、教学准备

制作课件，并为学生制作读书小书签。

五、教学时间

1课时。

六、教学设计

（一）看图猜名，温故知新

1. 同学们，寓言王国的国王给大家寄来了一张张美丽的书签，书签上印制了寓言故事的插图，你能说出故事的名字吗？如果猜对了，这张美丽的书签赠送给你。

2. 学生看图说出：狐假虎威、坐井观天、守株待兔、亡羊补牢。

3. 寓言故事短小有趣，还能告诉我们深刻的道理。难怪同学们喜欢阅读寓言故事。

【设计意图】：创设情境，让学生兴趣盎然地走进语文课堂，这符合小学生的学习规律。出示寓言故事的插图，唤起学生的学习记忆，不仅激发学生的兴趣，而且为这一课的学习做了铺垫。】

（二）板书题目，了解其意

1. 今天，我们一起来阅读一则寓言故事——《揠苗助长》。（板书：揠苗助长）

2. 能不能用组词法，说说"苗""助""长"是什么意思？

3. 故事中的种田人是用什么方法帮助禾苗生长的？（拔苗）

4. "揠苗"是什么意思？"揠"是什么意思呢？

5. 能不能把"揠""苗""助""长"的意思连起来，说说题目的意思呢？（拔苗，帮助它生长）

6. 小结：同学们真了不起！大家用组词法理解了"苗""助""长"的意思，又通过联系课文内容，理解了"揠"字的意思，把它们的意思连起来，读懂了题目的意思。

【设计意图】：开篇即解题，解题的过程，渗透学习的方法——拆字组词，串连一起，了解题目的意思。教材无非是个例子，以这个例子为载

体，教会学生学习语文的方法。学生习得方法，必将受益匪浅。】

（三）逐段学习，识字析词

学习第一自然段

1. 请大家读一读这则寓言故事，想一想：种田人为什么要揠苗助长呢？能不能从课文中找出一句话来回答？（古时候有个人，他巴望自己田里的禾苗长得快些，天天到田边去看。）简言之：巴望长高。（板书：巴望长高）

2. "巴望"可以换成哪个词语呢？（希望、盼望）换词也是理解词语的一种方法。

3. 课件出示：

古时候有个人，他巴望自己田里的禾苗长得快些，天天到田边去看。

古时候有个人，他希望自己田里的禾苗长得快些，天天到田边去看。

既然"巴望"就是"希望"的意思，为什么作者没有选用"希望"，却选用了"巴望"呢？（巴，眼巴巴的，突出了种田人内心的迫切与渴望）

4. 请你再读第一自然段，把下面的句子补充完整。

因为他巴望自己田里的禾苗长得快些，所以他_____。

5. 学生交流。

因为他巴望自己田里的禾苗长得快些，所以他天天到田边去看。

因为他巴望自己田里的禾苗长得快些，所以他在田边焦急地转来转去，自言自语地说："我得想个办法帮它们长。"

6. 出示图片，对话"焦"字。

（摘自《汉字图解字典》，顾建平著，东方出版中心于2008年10月出版）

（1）这"四点底"代表什么？"隹"代表什么呢？"焦"字就是——在火上烤鸟。

（2）由火烤鸟时先是焦黄，再往下烤就变成了焦黑，由此引发内心十分——焦急。古人因烤鸟变得焦黑而焦急，文中的种田人因何而焦急？

7.能不能通过你的朗读，让大家感受到种田人心中的焦急？

课件出示：

古时候有个人，他巴望自己田里的禾苗长得快些，天天到田边去看。可是，一天，两天，三天，禾苗好像一点儿也没有长高。他在田边焦急地转来转去，自言自语地说："我得想个办法帮它们长。"

【设计意图：词语教学永远是低段教学的重点。了解字源，对话汉字。学生不仅了解其音、形、义，更感受到了传统文化的博大精深。"巴望"是教学中重点理解的词语，一切皆由它而起。】

学习第二自然段

1.种田人想出了什么办法呢？请你小声读一读第二自然段，继续把这句话补充完整。

课件出示：

因为他巴望自己田里的禾苗长得快些，所以他_____。

2.学生交流。

因为他巴望自己田里的禾苗长得快些，所以他就急忙跑到田里，把禾苗一棵一棵往高处拔。

因为他巴望自己田里的禾苗长得快些，所以他从中午一直忙到太阳落山,弄得筋疲力尽。

3. 正是这个"巴望",引出了一个深刻的故事。正是这个"巴望",让种田人在田边焦急地转来转去,决心要想个办法,办法终于想好了,他急忙把禾苗一棵一棵往高处拔,弄得筋疲力尽。

4. 出示图片,对话"筋"字。

(1) 种田人累得筋疲力尽,"筋"是什么意思呢?让我们一起翻阅字典查一查。这也是理解字义的好方法。

筋:肌肉的旧称;俗称皮下可以看见的静脉血管;俗称肌腱或骨头上的韧带;像筋的东西。

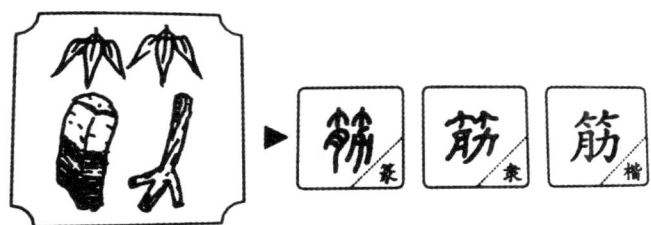

(摘自《汉字图解字典》,顾建平著,东方出版中心于2008年10月出版)

(2) 你从这幅图上看到"肉"了吗?为什么"筋"还有"竹字头"和"力"呢?(肌肉像竹子那样有韧性有力量)

5. 出示图片,对话"疲"字。

(1) "疲"字由哪两部分组成?"病字框"像什么?(一张竖着的病床)"皮"有外表之意,外表上看去——生病了,其实——没有生病,产生了——疲劳之意。

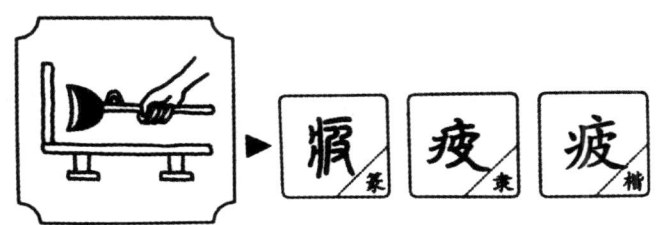

(摘自《汉字图解字典》,顾建平著,东方出版中心于2008年10月出版)

（2）"筋"是肌肉之意，"疲"是疲劳，"力"是什么意思？"尽"呢？连在一起，意思是——肌肉疲劳，力气用尽。

6. 种田人为什么会"筋疲力尽"呢？（因为他把禾苗一棵一棵往高里拔，从中午一直忙到太阳落山。）

7. 老师要把这个词语板书在黑板上，你认真读一读第59页上的这两个生字，有没有要提醒老师注意的？

8. 你也来写一写这两个字，描一个，再写一个。

【设计意图：教学中，教师注重引领学生在阅读中感受词语之间的联系。这是对学生进行阅读方法的指导。正是因为故事中的种田人"巴望"禾苗快点长高，所以才会"焦急""转来转去""想个办法""终于""一棵一棵往高里拔""筋疲力尽"。教师引领学生关注词语之间的联系，有助于学生深入理解内容，走进人物的内心世界。】

学习第三自然段

1. 种田人采用了揠苗的方法使禾苗长高，你觉得这个办法怎么样？种田人觉得这是一个好办法，请同学读一读第三自然段，你从哪些地方体会到的？（喘气，累坏了，没白费，一大截）

2. 出示图片，对话"喘"字。

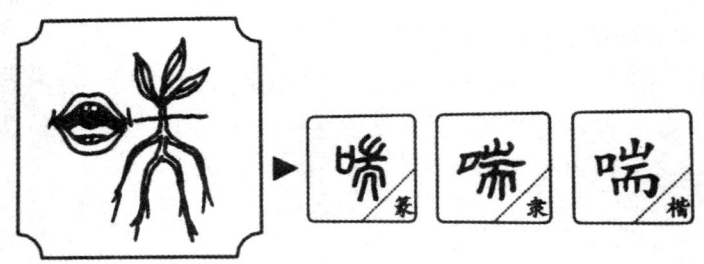

（摘自《汉字图解字典》，顾建平著，东方出版中心于2008年10月出版）

（1）看这幅图，左边像什么呢？（像张开的口，表示张开口急促呼吸）右边像什么呢？（草木上长出了嫩芽）"喘"表示腹内之气不断上涌。

（2）故事中的种田人一刻不停地拔，然后又一刻不停地跑回家，所以他才一边喘气一边说。

3. 出示图片，对话"截"字。

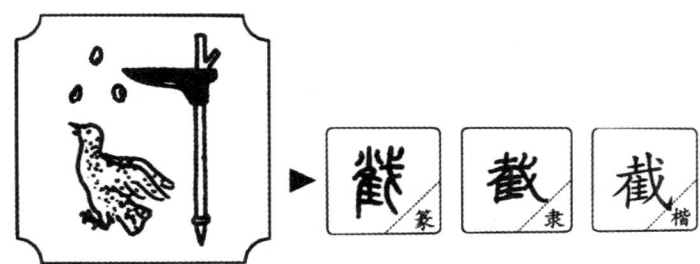

（摘自《汉字图解字典》，顾建平著，东方出版中心于2008年10月出版）

（1）你从图上看到了什么？（小鸟、戈）用戈把小鸟砍成两段。由此产生了什么意思？（半截、弄断）

（2）比较句子。

课件出示：

"今天可把我累坏了！力气总算没白费，禾苗都长高了一大截。"

"今天可把我累坏了！力气总算没白费，禾苗都长高了一截。"

一个"大"字，让你体会到了什么呢？（付出了很大的辛苦，终于如愿以偿了）

【设计意图："喘"和"截"是这一课的会读字，结合具体的语境，指导学生学习它们的音、形、义，再回到具体的语境中理解内容。识字、学词与感悟文本内容紧密地契合在一起。】

学习第四自然段

1. 种田人本来巴望禾苗长得快些，他这一握，真的长高一大截吗？请同学读一读第四自然段。（禾苗全都枯死了）（板书：全部枯死）

2. 本来巴望禾苗长得快些，可事与愿违，禾苗枯死了。我们来续编这个故事好不好？你想想，儿子气喘吁吁地跑回家后，他会对爸爸

说什么呢？（师生表演）

3.（老师伤心地落泪）你们都是我的好邻居，还不安慰安慰我啊？要想平复我的伤心，是不是要先夸夸我？（您有热情，善思考，肯付辛苦……）

4. 大家有没有给我的忠告？（尊重客观规律，做事不能急于求成；光凭热情是不够的，很可能欲速则不达）（板书：尊重客观规律，不能急于求成）

5. 在以后的生活中，种田人有想法后，还会思考，还会产生新的想法，怎么做，才能避免好心办了坏事呢？（和有经验的人商量商量，请教无声的老师——书）

【设计意图：读书的意义是什么？读书的意义大概就是用生活所感去读书，用读书所得去生活。在这堂课上，引领学生辩证地思考问题，既能看到种田人的可贵之处，又能清醒地认识到他的不足。更重要的是，找准问题的根源，防微杜渐，让学生在阅读中获得精神成长。】

（四）追溯源头，理解揠苗

1. 在学习中，我们知道了"揠苗助长"就是"拔苗助长"的意思，可是，"揠苗"与"拔苗"究竟有什么区别呢？"拔苗"拔的是苗的什么地方？（根部）那"揠苗"呢？

2. 看看我国最早的字典是怎么说的——

课件出示：

"拔心曰揠。"

——《小尔雅》

"揠，拔草心也。"

——《广韵》

我国最早的一部解释词义的专著是《尔雅》，还有一本是补充和解说《尔雅》的书叫《小尔雅》，是这样解释的："拔心曰揠。"还有一本叫《广韵》的书也说道："揠，拔草心也。"

3. 课件出示：（禾苗图片）

可见，古代的"揠苗"是拔禾苗的心，因为每一株禾苗只有禾心才会抽穗，于是揠禾心，就是想使它快些长高抽穗，结果禾心断离了禾苗的主干，全都枯死了，剩下的禾叶是不会长出谷子的。今天，我们可以不去细究是把禾心往上揠，还是把禾苗连根往上拔，二者都是违反植物生长的自然规律，其结果自然就会适得其反。

【设计意图：阅读是教师、学生、编者和文本间对话的过程，是思想碰撞和心灵交流的动态过程。课堂上，我们鼓励学生有自己的独到体验和见解，发展学生的批判思维，培养学生独立地、创作性地进行阅读。但我们不容忽视的是，首要的是引领学生正确地解读文本，以此为前提，鼓励学生个性化阅读。课堂上，引领学生读出"揠苗"与"拔苗"的区别，就是在帮助学生正确理解"揠苗"之意，从而做到正确解读文本。】

（五）赠送书签，延伸课外

1. 寓言王国的国王寄给我许多美丽的书签，我把这些书签送给大家。书签上印的是文言文的《揠苗助长》、现代文的《刻舟求剑》等。

2. 课件出示：

宋人有闵其苗之不长而揠之者，芒芒然归，谓其人曰："今日病矣！予助苗长矣！"其子趋而往视之，苗则槁矣。

3. 文言文的《揠苗助长》，才41个字就记叙了一个生动有趣又发人深省的故事，我们今天的现代文则用170余字来记叙，古代的文言文真简洁呀！稍后我们到了高年级就会逐步学习一些文言文。时代已经变化了，语言文字也有了很大的发展。今天，我们要学好现代文，同时也要了解和学习一些文言文，弘扬祖国的传统文化。

【设计意图：学习不会因为一堂课的结束而告终，课堂要努力向课下延伸，一张书签，不仅能激起学生阅读书签上的寓言故事的兴致，还能培育学生养成良好的阅读习惯。教师恰如其分地引领学生亲近文言文，为他们今后的学习做好铺垫，同时也让学生触摸到了中华传统文化。】

七、板书设计

巴望长高 ⎫
　　　　　⎬　尊重客观规律
揠苗助长 ⎬
　　　　　⎬　不能急于求成
全部枯死 ⎭

在读中感悟，在悟中创新
——《火烧云》课堂实录

一、教学目标

1. 了解什么是"火烧云"，体会火烧云的颜色和形状变化多、快的特点。
2. 读中感悟段落的表达方法，发挥丰富的想象力，按照"出现——样子——变化——消失"的构段方式，进行表达训练。
3. 有感情地朗读课文，积累课文中的优美词语和句子。
4. 激发学生观察大自然、热爱大自然的美好情感。

二、教学重点

读中体会火烧云的颜色和形状变化多、快的特点，读中感悟段落的表达方法。

三、教学难点

想象火烧云的形状，按照"出现——样子——变化——消失"的构段方式，仿写一段话。

四、教学准备

制作课件。

五、教学时间

1课时。

六、教学设计

（一）导语激情，引入新课

师：夕阳、明月、火烧云……是美丽的，曾经有多少位作家、诗人用最美的语言描绘过它们。火烧云这一景象使多少人陶醉过，作家萧红用最生动、最优美的语言，描绘了夕阳西下，火烧云颜色、形状变化的瑰丽情景。这节课我们继续学习《火烧云》。（板书：火烧云）

（二）整体感知，梳理结构

师：什么叫"火烧云"？打开课本，小声地读一读课文，从课文中找出一句话来回答。

生："天上的云从西边一直烧到东边，红彤彤的，好像是天空着了火。"这就是火烧云。

师：你读书很认真，找得很准确。这句话中有一个动词用得特别好，读读这句话，看看谁能把它找出来？

生：我认为"烧"这个动词用得好。

师：为什么？不必急于回答，先来看看火烧云上来时的景象，边看边体会。

（课件展示：在烈火中燃烧的云从西边逐渐烧到东边，最后一片片呼呼燃烧着的火焰弥漫了大半个天空）

师：谁来谈一谈为什么"烧"字用得好呢？

生：我体会到火烧云上来了，就像是天空中着了一场大火。

生：着火的时候，火势特别大，特别猛。我从这个"烧"字感受到火烧云上来时一定很快，很有气势。

生：我还感受到了火烧云上来时，像铺开了一幅巨大的瑰丽绸缎，天空中完全是红颜色的，美丽极了。

师：你们真会思考！你瞧，祖国的语言文字真是太美妙了！一个"烧"字既突出了火烧云上来时天空的颜色，像火一样红，又如同熊熊燃烧的烈火一样有气势，给人一种动态变化的感受。

师：那么，这篇课文是按照什么顺序记叙的？

生：是按照"火烧云上来了、火烧云的变化、火烧云下去了"顺序记叙的。

（板书：火烧云上来了、火烧云的颜色变化、火烧云的形状变化、火烧云下去了）

（三）读中感悟，积累运用

1. 学习"火烧云上来了"

师：课文里讲的火烧云是什么时候的？自己读第一自然段，边读边思考。

生：是傍晚时候的。

师：再读第一自然段，想想课文里讲的是什么季节傍晚时候的火烧云？

生：是夏季傍晚时候的火烧云。

师：你是从哪些地方体会到的？

生：我从"晚饭过后"体会到这是傍晚时的火烧云，从"旁边走来个乘凉的人"体会到这是夏季的火烧云。

师：你真会读书！

（课件出示一幅霞光照到大地上的美丽图画）

师：夏季傍晚的火烧云景象，给你留下了怎样的感受？

生：夏季傍晚的火烧云，简直是太美啦！

生：火烧云真伟大，把大地打扮得这么漂亮。

生：火烧云就像一位神奇的画师，把整个天空涂抹得五彩缤纷。

师：霞光照到大地上，使地上的人和物的颜色发生了变化，从侧面渲染了火烧云的"红"。霞光这么美，火烧云就更美了。

师：我们可以带着怎样的语气去读呢？

生：惊喜的语气。

师：可以。

生：带着赞美的语气读。

师：好！带着感情自己读读这段话。（学生自由朗读第一自然段）

师：我们一起读，边读边感受霞光的美。（学生有感情地齐读）

2. 学习"火烧云的颜色变化"

师：作者从哪两个方面描写火烧云的变化？自己读第三～六自然段，边读边思考。

生：写了火烧云的颜色，还写了它的形状。（板书：颜色、形状）

师：火烧云颜色变化有什么特点？

生：火烧云颜色变化特别快。（板书：快）

师：你从哪些词语体会到的？

生：我从"一会儿"这个词体会到的。

师：火烧云的颜色变化不仅快，而且还很——

生：（齐答）多。（板书：多）

师：都有哪些颜色？

生：半紫半黄、半灰半百合色，还有红彤彤、金灿灿。

生：葡萄灰、梨黄、茄子紫。

师："葡萄灰""梨黄""茄子紫"这三种颜色，能不能分别用"像_____一样的_____色"来描述一下？

生："葡萄灰"就是像葡萄一样的灰色。

生："梨黄"，像梨一样的黄色。

生："茄子紫"，像茄子一样的紫色。

师：天空中还有哪些颜色？

生：还有些说也说不出、见也没见过的颜色。

师：你们看，这些颜色多漂亮啊！

（课件展示火烧云颜色变化的录像）

师：那么我们试着说说这些说也说不出、见也没见过的颜色，用

"葡萄灰""梨黄""茄子紫"这种带比喻的形式来说。

生：苹果绿。桃红。玫瑰紫。石榴红。杏黄。秋叶黄。黄瓜绿。草莓红。橘黄。橄榄绿。柠檬黄。西瓜绿。

生：我觉得"西瓜绿"词语不好。因为西瓜的皮有的地方是深绿色，有的地方是浅绿色，一个词语它不能代表两种颜色呀。

师：说得有道理。那你能不能说一个更好的？

生：冬瓜绿。

师：真好！

生：枣红。香蕉黄。草绿。

师：天空中这么多的颜色交织在一起，那是多美呀！能不能用恰当的词语概括出火烧云颜色变化多呢？

生：五颜六色。五彩缤纷。绚丽多彩。色彩斑斓。五光十色。

师：真会用词。读读这段话，比一比谁能读出对火烧云的赞美之情？

（学生自由朗读第三自然段后，指名两位同学有感情地朗读）

师：感情很充沛。凭借段落结构，自己试着背一背。

（课件出示第三自然段的段落结构，学生自由背）

师：谁愿意带着感情给大家背一背？既然这么多的同学都愿意背，那么我们一起背诵这一段话。

3. 学习"火烧云的形状变化"

师：读一读第四~六自然段，思考火烧云形状变化有什么特点？

生：火烧云的形状变化很多。

师：火烧云的形状像什么？

生：像马、狗、狮子。

师：形状变化除了多以外，还有什么特点？

生：特别快。

师：从哪些词语体会到的？

生：从"一会儿""忽然"体会到的。

生：还有"过了两三秒钟""一转眼""接着"。

师：还有补充吗？

生：还有"正在"这个词语。

师：补充得很准确。作者在描写马的样子时，描绘得真是精彩，一起来欣赏。

课件出示：

马是跪着的，像等人骑上它的背，它才站起来似的。

马是跪着的。

师：读一读这两句话，比较它们有什么不同？

生：第二句话中少了"像等人骑上它的背，它才站起来似的"。

师：再读读这两句话，想一想书上为什么选用第一句？

生：因为第一句作者把马写得非常温顺、可爱，恳请主人骑上它的背，它才高兴似的。

生：我觉得书上选用第一句是因为它很具体，把马跪在那想干什么写了出来。

师：同学们很会思考，说得很精彩。第一句中哪是看到的，哪是想到的？

生："马是跪着的"是看到的，"像等人骑上它的背，它才站起来似的"是想到的。

师：很好，作者把看到的和想到的融合在一起写，不仅使文章生动、具体，还突出了火烧云的变化美。再来读第四～六自然段，边读边体会把看到的和想到的融合在一起写的写作方法。

师：老师想和大家一起读火烧云形状变化的三个自然段。我们先读第四自然段，怎样读呢？我来提问题，你们用书上的句子来回答，咱们一起读书。

师：一会儿，天空中出现了什么？（板书：出现）

生：（接读）一会儿，天空中出现一匹马。

师：（插问）它是什么样子的？（板书：样子）

生：（接读）马头向南，……它才站起来似的。

师：（插问）它是怎样变化的？（板书：变化）

生：（接读）过了两三秒钟，……尾巴可不见了。

师：（插问）消失了吗？（板书：消失）

生：（接读）看的人……变模糊了。

（写狗和狮子的两个自然段，教师也这样引读）

师：（手指板书）作者是按什么顺序叙述火烧云形状变化的？

生：按"出现、样子、变化、消失"这个顺序来写的。

师：作者按"出现、样子、变化、消失"这个顺序叙述的，并融入了自己的想象，突出了火烧云形状变化的特点，这种写法很值得大家学习啊！

师：学习到这，老师有个突发的灵感，电脑里有火烧云形状变化的录像，想请大家给录像配音，有兴趣吗？（生齐答：有）配音不是件容易的事，首先要记住火烧云形状变化的内容，再根据画面充满激情地讲解。我们先试着一起背诵一下第四～六自然段，好吗？（课件出示第四～六自然段的段落结构，学生有感情齐背）

师：谁愿意当配音演员？（学生兴趣浓厚，纷纷举手）请三位同学分别为"马""狗""狮子"这三部分内容配音。

（课件播放录像，并配上悠扬的乐曲，教师指名三位同学为录像配音）

师：太精彩了！下面我们一起为录像配音，好吗？（学生充满激情地给录像配音）

师：真不错！说不定十年后，我们班还真能出一位著名配音演员呢。

师：火烧云形状变化这么多，用学过的词语概括出火烧云形状变化多。

生：变化多端。变化莫测。千变万化。绚丽多姿。千姿百态。瞬息万变。

师：真好！老师捕捉了一组火烧云变化的镜头，请同学们欣赏。
（课件展示一组火烧云变化的图片）

师：想象一下，它们像些什么呢？想象它的形状，并按照它的"出现、样子、变化、消失"这一顺序同桌同学互相说一段话，一会儿我们集体交流。

师：我们一起来交流，谁愿意先发言？

生：（学生手指屏幕）一会儿，天空中出现了一座座山峰，高低不平，连绵起伏，犹如珠穆朗玛峰一样雄伟、壮观。可一眨眼的工夫，就离我们远去了，而且越去越远。

生：（学生手指屏幕）这时又跑来了一只大花猫，猫的身上全是彩色的斑点。我还给它起了个好听的名字——点点。它趴在空中，好像在撒娇，想让人抱一抱它。（学生沉思）

师：当它看见那边出现了一只小老鼠，猛地跑了过去，猫和小老鼠都看不清了。

生：快看啊，不知从哪里钻出了一群小猴子，那些小猴子的脸红红的，眼睛圆圆的，跳来跳去，仿佛运动员在认真地跳鞍马。可是一转眼就变了，再也找不着了——变成了一只小兔。

生：小兔是躺着的，看上去就像躺在沙发上一样悠闲。过了两三秒钟，小兔站起来了，伸了伸懒腰。这时，小兔的四肢变得更长了，变得模糊了。

生：再看那边，一条巨龙腾空而起，还在空中不停地舞动着。只见那条巨龙张着大嘴，鼻子翘得老高，一双铜铃般的圆眼，放射出紫色的光，还挺神气呢！可我还没有尽情欣赏，巨龙就赶回龙宫去了……（鼓掌）

师：你们的想象太丰富了！

4. 学习"火烧云下去了"

师：作者观察火烧云时有着怎样的感受？从第七自然段找一句话来回答。

生：（读）一时恍恍惚惚的，……什么也看不清了。

（四）回归整体，激发情感

师：学完了这篇课文，能不能说一句赞美火烧云的话呢？

生：火烧云真是太美丽啦！

生：火烧云不但绚丽多彩，而且变幻莫测。

生：我爱火烧云，它给我的想象插上了翅膀。

（五）质疑问难，妙在延伸

师：现在大家还有没有不懂的问题？如果有，马上提出来。

生：为什么火烧云颜色变化这么多？

生：为什么火烧云只出现在早晨或傍晚？

生：火烧云上来时，为什么地上的人和小动物的颜色会发生变化呢？

师：你们提出的问题很好，有的连老师一时也回答不上来。怎么办呢？《变幻的天空舞台》一书介绍了有关火烧云的知识，下课可以请教它。

（课件展示《变幻的天空舞台》一书的封面）

七、板书设计

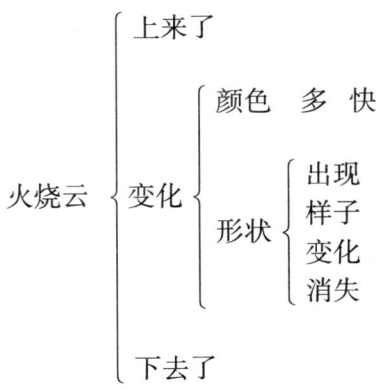

成功的秘诀在于一直和时间赛跑

——《和时间赛跑》教学设计

一、教学目标

1. 正确、流利、有感情地朗读课文，通过在多种形式的朗读中，联系前后文、抓住重点词语，并通过课外阅读材料的补充阅读，理解含义深刻的句子。

2. 指导学生用硬笔书写正楷字，做到规范、端正、整洁。

3. 懂得时间过去就不会回来、要珍惜时间的道理。

二、教学重点

懂得时间过去就不会回来、要珍惜时间的道理，是本课的重点。

三、教学难点

引导学生感受珍惜时间的意义，是本课学习的难点。

四、教学准备

制作课件。

制作学生书写卡片。

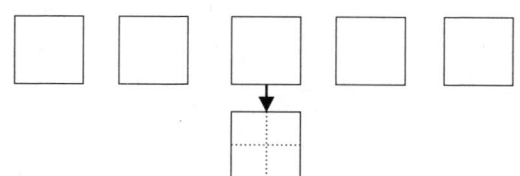

假若你一直和时间赛跑,你就可以成功。

五、教学时间

1课时。

六、教学设计

(一)板书课题,师生同写

1. 今天,我们继续学习第13课,谁来读课题?

2. 我们一起写一写课题。老师在黑板上写,你在卡片上写。

(赛——先写一个宝盖,中间是三横,且要注意笔顺,撇捺要舒展;跑——结构是左窄右宽,写的时候左收右放。)

3. 只有注意了结构、笔画、笔顺,才会将汉字写正确,写美观。

【设计意图:提笔就是练字时,应该深深地印在学生的心上。师生同写,在同一时间内,师生分别完成了各自写字的任务,发挥了课堂教学时间的最大效益。点拨字的结构、笔画、笔顺,是引导学生将字不仅要写正确,更要写美观。】

(二)读中感悟,层层释疑

1. 感悟课文内容

(1)打开书,课文写的是作者林清玄小学三年级的一段经历,有一段特别的经历让小小的林清玄感到了忧伤和哀痛。看一下,是什么让他感到了忧伤和哀痛?("我"的外祖母去世了,外祖母生前最疼爱"我",所以"我"感到忧伤和哀痛。)

(2)爸爸妈妈看到"我"如此忧伤、哀痛,既没有直接告诉"我"外祖母去世了,也没有欺骗"我"说外祖母睡着了,而是对我说——（指名读："外祖母永远不会回来了。"）

（3）于是，"我"问："什么是永远不会回来了呢？"爸爸跟"我"说了一大段话，你小声地读一读第四自然段，能不能用一句话概括地回答。

2. 读中概括句意

（1）时间里的哪些事物永远都不会回来了呢？认真默读第四~七自然段。可以用铅笔、尺画一画相关句子。

（2）集体交流。

（3）请同学分别读一读，思考每句话中分别告诉我们"什么事物"永远不会回来了？（作者的昨天、爸爸的童年、外祖母的生命）（将来的"我"）

3. 感悟表达顺序

指名读一读所概括的内容，爸爸为什么先说作者的昨天，再说他的童年，最后说外祖母的生命，永远都不会回来了。

（按照时间从短到长的顺序排列，这三句话的顺序融入了作者的思考）

4. 揣摩人物内心

（1）作者的昨天悄悄地过去了，爸爸的童年悄悄地过去了，有一天度过了所有时间，外祖母的一生就这样悄悄地过去了。当爸爸和孩子说起这些时，会是一种怎样的心情？

（失去亲人的悲伤，挽留不住时间的无奈，还有对孩子的安慰……）

（2）带着你的理解，读一读。

（面对流光流逝，爸爸多么无可奈何；爸爸柔和地安慰自己的孩子；这位爸爸怕孩子在悲伤中拔不出来，在深切地提醒他；爸爸多么体贴自己的孩子。）

（3）我们一起读读课文第三、第四自然段，我当"作者"，你们当劝慰我的"爸爸"。

5. 解开心中之谜

（1）你们这是给我说了一个谜。既然是一个谜，就说明话里面还隐藏着其他的意思。再读读爸爸说的这段话，还隐藏着什么意思？尤其是最后一句。（你可以将最后一句中的"你"变成"我"读一读）

（2）当作者隐约感到"将来的自己，也永远不会回来了"，他感到这个谜——（齐读第五自然段）

（3）知道"我"为什么感到了可怕了吧？

6. 继续读中概括

（1）作者没有消极对待生活，而是用心感受时间里的事物。课文中还讲到了哪些事物也是这样永远不会回来了？

（2）用简练的话加以概括：什么事物永远不会回来了？（今天的太阳、飞过的鸟儿）

【设计意图：教师将第四～七自然段有机整合在了一起，以"时间里的哪些事物永远都不会回来了呢"来提纲挈领。读中感悟段落结构、句与句的关系，读中揣摩人物内心情感，以此来引领学生有感情地朗读——只有透过文字正确揣摩人物内心，才能体现感情朗读的实效性。再次朗读，感悟爸爸的话中隐藏着的意思，是向文本的深处挺进，只有读懂了话中的弦外之音，才能真正读懂我为什么听了爸爸的话后感到可怕。也是为后文读懂作者为什么一直和时间赛跑埋下伏笔。】

（三）读中感悟，体悟时间

1. 感悟时间飞快

（1）当作者听爸爸说，作者的昨天，永远不会回来了；爸爸的童年，永远不会回来了；外祖母的生命，永远不会回来了；当作者亲身感受到今天的太阳，永远不会回来了；飞过的鸟儿，永远不会回来了。作者的心中不但着急，而且悲伤了。他为何着急，为何悲伤？（时间过得飞快）

（2）哪个字让你感到时间过去之快？（飞）

（3）课文中还有哪个词语让你感到时间过去之快？（光阴似箭，

日月如梭）

（4）既然它们都表示时间过去之快，为什么还要用两个词语来说？

2. 感悟时间珍贵

（1）还有哪一句格言也让你感到时间过去之迅速？（一寸光阴一寸金，寸金难买寸光阴）

（2）这句话除了讲时间过得很快之外，还让你感受到什么？（时间很珍贵）

（3）从哪里读出了珍贵？（难买）

（4）寸金能不能买到光阴？一丈金能不能买到光阴？好几十吨重的黄金能不能买到光阴？

（5）所以说，时间非常之珍贵。

【设计意图：通过品字、品词、品句，学生感受到了时间过得飞快，时间还很珍贵，其目的也是为后文读懂作者为什么一直和时间赛跑埋下伏笔。】

（四）读中感悟，成功秘诀

1. 书写生字

（1）作者从爸爸的话中，从自己的亲身感受中，体会到时间不仅过得飞快，还非常珍贵，他感到了可怕。但面对永不停歇的时间，他没有消极，而是选择积极面对。有一天放学回家，看到太阳快落山了，他就立下决心——

（2）结果呢？（赢了）

（3）你看看这个赢字。要想写好字，首先要认真读字。哪几部分组成的？什么结构？哪部分占的位置最大？（上边和中间的部分要写得扁矮、紧凑一些，下边要舒展）

（4）请一位小老师到前面示范。你们推荐谁当小老师？

（5）用词语来评价小老师的范字。（正确、工整、结构匀称……）

（6）"赢"字的反义词是什么？近义词是什么？

2. 静思默想

（1）作者每一次比赛胜过时间，心中所有的忧伤、哀痛、着急、悲伤都被时间统统带走了；取而代之的是——高兴、快乐。你从哪些地方感受到作者一直和时间赛跑？默读课文第八~九自然段，用铅笔圈一圈。

（从"常做""有时""常把""每一次""后来的二十年里"……）

（2）在交流中，对话：

和时间赛跑，怎样才能胜过时间？（就是要快速地做好一件事情，胜过时间）和时间赛跑，就是要不仅做完今天的事情，还要——（提前做好明天的事情）

3. 感受成功

（1）第一次跑赢了太阳的经历，给作者带来了自信和力量，使得他一次又一次和时间赛跑，每一次都胜过了时间。以至于后来的二十年里，他因此受益无穷。谁来读一读第九自然段？还没读过课文的同学，抓住最后的机会。

（2）为什么他说那几步虽然很小很小，用途却很大很大？你来读一份资料，会有新的感受。

课件出示：

林清玄，生于台湾。

10岁，立志做一名作家；

17岁，发表第一篇作品；

20岁，出版第一本书；

30岁，获多项台湾文学大奖；

57岁，创作了一百多本著作；

生命在继续，写作也在继续……

（3）心里一定有了新的感受，分享你心中的感受。

4. 亲历赛跑

（1）作者记叙小学三年级和时间赛跑的经历，还告诉我们一个哲理。一起读课文最后一句——

（2）请把它工整地抄写下来。（把字写工整的前提下，也来和时间赛跑。字写得工整，速度又很快，你就跑赢了时间。）

（3）一起读一读：

假若你一直和时间赛跑，你就可以——

假若你想成功，你就可以——

（4）下课的铃声响了，这节语文课结束了。虽然明天还会有新的语文课，但永远不会有今天的语文课了。不过，我们把自己的思考留在了卡片上，请你把它夹在语文书里，因为这是我们思考的记忆。

【设计意图：扎扎实实地落实好写字任务，分为"读字——写字——评字"三个环节，让学生习得写字方法。体会作者的人生感悟，是课文的重点，也是难点。通过课外资源的引入，有助于学生对含义深刻的句子的理解。书写课文中最后一句话，创设了具体的情境，让学生亲历与时间赛跑。通过学生亲身的实践，相信对这一人生哲理会有更深的体悟，也相信学生会把与时间赛跑当成自己生活、学习的习惯。语文的实践活动与感悟文本内涵统一了起来，有助于学生内化于心、外化于行动上。】

七、板书设计

和时间赛跑

假若你一直和时间赛跑，你就可以成功。

细读文本，感受"伟大"
——《两个铁球同时着地》教学设计

一、教学目标

1. 正确、流利、有感情地朗读课文。

2. 理解课文内容，感知段与段之间的联系，体会含义深刻的句子，学习伽利略不迷信权威、执着求实地探求科学真理的精神，感受他的伟大。

3. 学习通过环境或侧面描写来烘托人物品质的写作方法。

二、教学重点

理解伽利略试验的过程与结论，并受到启发。初步学习侧面描写烘托人物品质的方法。

三、教学难点

理解伽利略缜密的思考过程，领悟句与句之间的联系。初步学习侧面描写烘托人物品质的方法。

四、教学准备

制作课件。

五、教学时间

1课时。

六、教学设计

（一）梳理文脉

1. 今天，我们继续学习《两个铁球同时着地》。大家看老师写课题，写字的时候，要一笔一画，工工整整；写完，要通过朗读的方式检查书写是否正确。让我们一起读课题。（板书：两个铁球同时着地）

2. 课文描述的是一个历史大事件。在这个大事件中，有位名人——伽利略，是才华横溢的青年，仅25岁，就成为了数学教授；此外，还有著名的建筑意大利比萨斜塔。名人加上名建筑，再加上这项著名的试验，这件事可以说是当时世界上的大事件。

3. 这件事缘于伽利略对亚里士多德说过的一句话产生了怀疑，而后他进行了反复试验，最后决定在比萨斜塔进行公开试验。（板书：产生怀疑——反复试验——公开试验）

【设计意图：板书课题与指导学生写字相结合，点拨学生写字的要求，教给学生检查的方法。良好学习习惯的培养要贯穿每一节语文课中。而后梳理文章的脉络，这是温习第一课时所学内容，达到温故的作用。】

（二）体悟"伟大"——缜密的思考，质疑权威

1. 读懂权威的话语

（1）默读课文第二、第三两个自然段，把亚里士多德说过的一句话找出来。

课件出示：

亚里士多德曾经说过："两个铁球，一个10磅重，一个1磅重，同时从高处落下来，10磅重的一定先着地，速度是1磅重的10倍。"

（2）读句子，完成练习：决定速度快慢的是铁球的_____，铁球越_____，速度就越快_____。

【设计意图：指导学生完成练习的目的是引导学生读懂亚里士多德说的话，抓住亚里士多德说的话中的要点。这为理解伽利略的推理过程做好铺垫。】

2. 体会人们的态度

（1）面对亚里士多德的观点，人们是怎么表现的？再读课文第二、第三自然段，找一找。

（2）写了哪些人的态度？读读人们责备他的话。"人们"包括谁？由此看来，全社会的人都在信奉……，这样的一种社会风气持续了多少年？

3. 体会伽利略的态度

面对这样权威的观点，25岁的数学教授伽利略是怎样表现的？

设计意图：面对亚里士多德的观点，人们所表现出的态度与伽利略所表现出的态度是不一样的。先引导学生体会人们面对亚里士多德的观点所表现出的态度，再引导学生体会伽利略面对亚里士多德的观点所表现出的态度，二者在学生的心中形成了鲜明的对比，由此感受伽利略"不迷信权威""善于思考"。

4. 感悟缜密的思考

（1）他的疑问是怎么产生的呢？再读课文第二、第三自然段，找一找。

课件出示：

他想：如果这句话是正确的，那么把这两个铁球拴在一起，落得慢的就会拖住落得快的，落下的速度应当比10磅重的铁球慢；但是，如果把拴在一起的两个铁球看作一个整体，就有11磅重，落下的速度应当比10磅重的铁球快。这样，从一个事实中却可以得出两个相反的结论，这怎么解释呢？

（2）"一个事实"指什么，"两个相反的结论"指什么？（一个事实指：伽利略按照亚里士多德的观点设定了一个事实，却得出了两个结论。于是，证明亚里士多德的观点有问题。）

（3）伽利略怎样推导出第一个结论？读一读。（采访：把两个铁球拴在一起，哪一个落得慢？为什么？与10磅重的铁球相比，速度要——）

（4）能用自己的话说说吗？自己练习。一起说一说。

（5）怎样推导出第二个结论？读一读。（采访：为什么11磅重的铁球落下的速度比10磅重的铁球快？）

（6）能用自己的话说说吗？自己练习。一起说一说。

（7）从一个事实中却可以得出两个相反的结论，让伽利略产生了疑问。他的怀疑是无端怀疑吗？有没有思考？有没有根据？

（8）他的思考还是那样的缜密，你读读看，句与句之间使用了哪些关联词？

课件出示：

他想：如果这句话是正确的，那么把这两个铁球拴在一起，落得慢的就会拖住落得快的，落下的速度应当比10磅重的铁球慢；但是，如果把拴在一起的两个铁球看作一个整体，就有11磅重，落下的速度应当比10磅重的铁球快。这样，从一个事实中却可以得出两个相反的结论，这怎么解释呢？

（9）一起读一读这段话，体会句与句之间的联系，体会伽利略思考的缜密。

【设计意图：伽利略思考的过程，学生理解起来有一定的难度。难度之一：对"一个事实"的理解，学生需要一遍一遍地朗读，渐渐地感受到"事实"是指：伽利略按照亚里士多德的观点设定了一个事实。然后，教师引导学生理解伽利略的推理过程，为后面体会他思维的缜密做好铺垫。教师注重引导学生感悟段法，体会句与句之间的联系，符合中段学习的目标。】

5. 感悟人物的伟大

一个是数学教授，一个是被全社会信奉了两千多年的权威，你从"产生疑问"这部分内容中读到了一个怎样的伽利略？再读第二、第三自然段。（一个有勇气的人、两千多年来质疑权威第一人）

【设计意图：学习至此，伽利略的伟大形象悄然立在了学生的心中，这是水到渠成的。学生的感悟也是入情入心的。】

(三)体悟"伟大"——反复地实践,探索真理

1. 质疑权威需要勇气,但是要想颠覆权威,那要靠实践。伽利略反复做试验的过程只写了一句话,谁来读一读?

课件出示:

伽利略带着这个疑问反复做了许多次试验,结果都证明亚里士多德的这句话的确说错了。

2. 你从中读出了什么?从哪两个词语体会到的?

3. 能把"反复"换成"重复"?(重复:又一次做相同的事)会有什么不同?

4. 在高度不同、时间不同、环境不同、地点不同、球的质地和重量不同的情况下做了许多次,这就是——(反复做了许多次试验)

5. 他为什么要这样反反复复地在各种情况中做试验?(做科学研究十分谨慎,严谨的科学态度,颠覆权威必须有真才实学,需要真正有说服力的实践)

6. 这反复试验的结果怎样?

两个不同重量的铁球同时从高处落下来,总是同时着地,铁球往下落的速度跟铁球的轻重没有关系。

【设计意图:"反复"一次的体悟,由表及里,由浅入深,由外入内,层层递进。教师引导学生初步理解其意思,了解与"重复"的区别。而后,依据文本内容,展开联想,给文本补白,感悟其这样的根本目的。至此,体会其"伟大"表现在勇于实践,并具有严谨的科学态度。】

(四)体悟"伟大"——真理的诞生,推动进步

1. 既然已经掌握了真理,接下来,他要在比萨城的斜塔上做一次公开试验。自己读一读第五、第六自然段,注意读好人物的语言。

2. 谁来读一读人们说的话?能不能想象一下,分别是什么样的人说的这两句话?(像不像研究科学的人)作者暗暗地引用这两句话,他想告诉我们什么?

3. 可见，权威的震慑力、影响力是多么的巨大。此时此刻，伽利略在众人的非议中，究竟靠的是什么支撑着他走上了比萨斜塔的顶端？（勇气、自信、执着的追求）即便承受重重压力也坚持追求真理，敢于颠覆权威。

4. 公开试验的结果，对于伽利略来说，他早已成竹在胸。让我们一起见证真理的诞生。（课件播放小视频）

5. 一"拿"，一"脱"，真理诞生了。他之所以要公开试验，绝不单单想告诉大家亚里士多德说的这句话是错的，而是想让大家明白一个事实和道理。什么道理？读一读这句话。

课件出示：

原来像亚里士多德这样的大哲学家，说的话也不是全都对的。

6. 这句话说的是什么意思？（有错的、对的多、错的少）

7. 句中的"像"字能不能去掉？

8. 人们感悟到这其中的道理了吗？从第六自然段中找依据。

9. 虽然没有写人们的语言，而是含蓄地表达，给读者留下了想象空间。从人们的动作"呼喊"，你展开想象，人们在呼喊什么？

10. 人们在心中呼喊，齐读课文最后一句——原来像亚里士多德这样的大哲学家，说的话也不是全都对的。

【设计意图：教师引领学生揣摩人们说的话，有感情朗读，是为了体会当时社会的氛围。在这样的情况下，伽利略不顾重重压力依旧进行公开试验，感受其"伟大"——勇气、自信、执着地追求真理。伽利略之所以这样做，不是"揭亚里士多德的短"，而是告诉人们一个事实和道理，其道理表现在了两个方面：亚里士多德这样的大哲学家，说的话不一定全对；像亚里士多德这样的大哲学家，说的话也不一定全对。这正是伽利略的伟大——改变人们头脑中错误的认识，推动社会的发展与进步。】

（五）比较阅读——比较中发现，体悟写法

1. 阅读，还要前后比较阅读。这样，你才能发现蕴藏在课文中的密码。你先读第二、第三自然段,再读第五、第六自然段,比较前后两部分相同的地方在哪里?

2. 先写什么,再写什么?都是写人们的语言,在表达的语气上有没有区别?第二、第五自然段可不可以删去?

3. 正是因为作者描写了人们的语言,表明了他们的态度,与伽利略的行为形成了鲜明的对比。伽利略的精神正因这两个自然段的烘托,更加彰显出了他内心中的勇气与伟大。

【设计意图:这篇课文处于四年级下册第七组,对于即将升入高段学习的学生来说,教师要引导他们读好意义段,把两到三个自然段放在一起进行阅读,以此培养学生的阅读能力。文中第二、第三与第五、第六自然段,表达方法具有相同之处,更有必要引导学生进行比较阅读,习得写法。】

(六)领悟"伟大"——有情感朗读,浸润心灵

伽利略对亚里士多德说的一句话产生了疑问,成为了两千年来质疑权威第一人;他通过反复实践得到真理;他承受着重重压力超越前人而创造新的真理,由此改变了人们固有的认识和对权威的极度迷信,从而推动社会的进步。

课件出示:

伽利略是十七世纪意大利伟大的科学家。

带着崇敬的语气齐读这句话。(板书:伟大)

带着赞叹的语气齐读这句话。

把这句话深深地印在心里,激励自己也要做这样的人,再读这句话。

【设计意图:"伟大"的课堂在于让学生获得发展。教师引领学生一遍一遍地朗读"伽利略是十七世纪意大利伟大的科学家",这无疑是在激励学生要做像伽利略一样的人。课堂上,教师悄然在学生的心中播撒下了理想的种子。有理想的人生,必然会绽放美丽的光芒。】

七、板书设计

两个铁球同时着地

产生疑问——反复试验——公开试验

伟大

习作课上,让学生的好帮手"动"起来
——《观察棉花桃》教学设计

一、教学目标

1. 了解棉花桃,增长学生的见识。
2. 培养学生的观察能力,引导学生有顺序地观察事物。
3. 调动学生的多位"好帮手"一同参与习作,培养学生的想象能力、创造能力和言语表达能力。

二、教学重点

引领学生认识到"观察"不仅仅是看,要调动起多个"好帮手"共同参与观察,在观察中获取发现。

三、教学难点

能够准确、生动地表达在观察中获取的发现,在表达中可以运用生活中积累的词句。

四、教学准备

准备教具:两个小棉花桃。
每人准备两张稿纸。

五、教学时间

1课时。

六、教学设计

（一）揭示学习内容

1. 今天，老师给大家带来了一份小礼物，我把它装进了信封里。喜欢尝试的同学，可以将小手伸进去摸一摸，猜猜是什么。如果猜中了，老师会把它奖励给你。

2. 什么礼物呢？见证奇迹的时候到了——请前排同学告诉大家。（板书：观察棉花桃）

【设计意图：课堂需要一点点情趣，请学生猜一猜信封里是什么礼物，这一定会调动起学生的积极性。上课伊始，能够调动起学生参与、学习的兴致，那么课堂就呈现出了良好的开端。】

（二）观察不只是看

1. 这堂课，让我们一起观察棉花桃。那什么是"观察"呢？

2. 当我们观察一个事物，除了"看"，还可以采取何种方法呢？

3. 你有哪些"小帮手"可以帮你观察呢？

4. 小结：眼睛可以帮你看，耳朵可以帮你听，鼻子可以帮你闻，嘴巴可以帮你尝，手可以帮你摸。别忘了，你还有一个"大帮手"——大脑，它可以帮助你去思考。

【设计意图：教师深入浅出地帮助学生理解何为"观察"。"观"指看、听等感知行为，"察"即分析思考，即观察不只是视觉过程，是以视觉为主，融其他感觉为一体的综合感知，而且观察包含着积极的思维活动，因此称之为知觉的高级形式。可贵的是，在教学中，教师引领学生通过"小帮手"帮助自己观察，通过"大帮手"帮助自己思考。这样的对话，贴近于课堂，贴近于学生。】

（三）看看棉花桃颜色

1. 看一看，你看到眼前的这朵棉花桃是什么颜色的？（白色）

2. 能不能说得具体点？（雪白）

3. 像雪一样的白，还有其他的想法吗？像什么一样的白？

4. 教师继续引领：把白色棉花桃贴在墙上，或者举起一张白纸……请学生说说：棉花桃还像什么一样的白？

5. 给学生一分钟时间静思默想。

课件出示：

像（　　　　）一样的白，像（　　　　）一样的白，像（　　　　）一样的白。

6. 学生分享：像（美丽的雪花）一样的白，像（毛茸茸的柳絮）一样的白，像（老师发的作业纸）一样的白。

【设计意图：引领学生观察棉花桃的颜色，在观察中思考——能不能把颜色说得更加具体？而后，教师引领学生采用"排比"的修辞方法进行表达。在观察过程中，融入对学生言语表达的训练。】

（四）看看棉花桃形状

1. 天上的云朵怎么跑到我的手心里来了？你能猜猜我心中的这朵小棉花桃像什么吗？（像天上的云朵）

2. 像吗？你觉得这么一朵漂亮的棉花桃，像什么呢？（像一朵花，像一只小鸡，像一团柳絮……）

3. 能不能把话说得具体些？（像一朵什么样的花？像一只怎样的小鸡？像一团什么样的柳絮……）

【设计意图：鼓励学生观察棉花桃的形状，用"比喻"的修辞进行表达。只有说得好，学生下笔的时候才能写得好。习作课上，教师要将观察与表达紧密契合在一起。】

（五）摸摸棉花桃质感

1. 轻轻地摸一摸，你有什么感觉呢？（非常软、松松的、毛茸茸的……）

2. 课件出示：

老师微笑着举着一朵小棉花桃，走到了我的跟前，我伸出手，轻轻地摸了摸，_____。（你有什么感觉？）

3. 请你使劲地再来摸一摸，你的手指间有什么发现吗？（我发现了一个小东西，有点硬）

4. 有多大？如同什么一般大小？（如同枣核一般大小）

5. 再摸，是一个小小的、硬硬的东西吗？多少个？

6. 你猜猜，这个小小的、硬硬的东西是什么呢？

【设计意图：学生喜欢发现，对未曾发现的事物充满了好奇。依据学生的特点，让他们发现棉花桃里面的硬硬的小东西，进行一番观察，的确可以调动起他们学习的积极性。在这样的教学过程中，学生就会慢慢地养成留心观察生活的习惯。】

（六）再看棉花桃底托

1. 棉花桃的下面还有一个干枯破裂的托，是什么颜色？

2. 再看看这个干枯破裂的托，想想像什么呢？（像大海里的海星……）

【设计意图：观察的顺序，就是学生表达的顺序。教学中，教师引领学生有序观察，那么他们下笔的时候，一定会做到表达有序。】

（七）观察后静心思

看着这团小棉花桃，你想到了什么呢？

【设计意图：要想让学生笔下的文字生动有深意，教师要将观察与思考紧密地契合在一起。学生在观察中思考，那么他们下笔成文时，才会自然地将自己的感悟流淌于稿纸上。】

（八）轻松阅读范文

1. 同学们，和你们一起上课，我真的很高兴。在你们的启发下，我完成了一篇习作——《棉花桃》，你们想听吗？

2. 教师激情朗读《棉花桃》。

课件出示：

棉花桃

呀，天上的云朵怎么跑到我的手心里了？这怎么会呢？我的眼睛凑近仔细一瞧，原来是从枝上采下来的一朵棉花桃。它像一朵尽情绽放的花朵，像牛奶一样的白，它有四五瓣呢。当我用手轻轻地摸一摸，毛茸茸的；再使劲地捏一捏，会让人感到手指触到了硬硬的小东西，伙伴们告诉我：那是棉花的小宝宝。这一小团棉花还有一个黑灰色的托，它早已干枯破裂了，模样如同大海里的海星。据我了解，庄稼地里不仅能长出雪白的棉花，还能长出五颜六色的棉花。

3. 请你来点评一下，或者分享一下你喜欢的句子。

【设计意图：学生处于中低年级，教师可以给学生出示下范文，给学生提供一个范式。慢慢地，就会提升学生由段组篇的能力。】

（九）独立完成习作

请大家铺开你的稿纸，未来的小作家们，你也来写一写你看到的、摸过的这朵棉花桃。

【设计意图：课堂上，给学生提供习作的时间，教师在学生中可以发现学生完成习作的真实状况，可以有针对性地对学生进行及时的指导。】

（十）分享你的创作

1. 谁愿意和大家分享你的创作？
2. 学生分享自己的习作。

小小的棉花桃

孙敬禹

我看见眼前的棉花桃像雪一样白，像天上的云朵一样白，像牛奶一样白。更像公园里尽情绽放的白花。我先轻轻地摸了一下，啊？棉花是那样柔软啊，像一只毛绒绒的小鸡，也像太阳晒过的被子一样松软、舒服。拿在手上轻轻地吹，棉花开心极了，兴奋极了，仿佛要去旅行。接着，我又使劲地摸了它一下，感觉有一个硬硬的小东西，原来是棉花的小宝宝。捏着捏着，外衣包不住了，小宝宝出来了，它迫不及待地想看看外面精彩的世界吧。

　　生活中，我们真离不开一团团棉花，因为它可以做棉被、棉衣、棉签、棉球……

　　3. 请大家来点评点评。

　　4. 同学们还可以给大家读一读你觉得写得最得意的句子。

　　5. 这节课即将结束了，但是对于生活中的事物的观察并没有结束。大家可以带着你的"小帮手"和"大帮手"继续观察生活中的其他事物，别忘了把你的发现与思考记录在周记本里。

　　【设计意图：一堂课结束了，但是学习永远不会结束。教师鼓励学生走出课堂，带着课堂上习得的观察方法，继续去观察生活中的其他有意思的事物，让课堂向生活延伸。】

七、板书设计

观察棉花桃

```
         ⎧ 眼睛——看
         ⎪ 耳朵——听
   小帮手 ⎨ 鼻子——闻
         ⎪ 嘴巴——尝
         ⎩ 双手——摸


   大帮手   大脑——思考
```

读中感悟文本表达之秘妙
——《临死前的严监生》教学设计

一、教学目标

1. 能结合文中的注释和上下文说出词语的意思。正确、流利地朗读课文。

2. 通过品读严监生临死前的动作、神态的语句,揣摩严监生内心活动,感受人物形象。学习作者一波三折、出人意料的精妙写法。

3. 拓宽阅读资料,感受人物形象的丰富性。

二、教学重点

感受人物形象,学习通过动作的描写表现人物性格特点的写作方法。

三、教学难点

学习作者一波三折、出人意料的精妙写法。

四、教学准备

制作课件。

五、教学时间

1课时。

六、教学设计

（一）聊文学常识

1. 今天，我们来学习人物描写一组中第二则片段，编者给这则片段加了一个题目，谁愿意读一读？

2. 什么是监生？

课件出示：

明清两代称在国子监读书或取得国子监读书资格的人。清代可以用捐纳的办法取得这种称号。

3. 严监生这监生是用钱捐来的。其实，他的真名叫严致和，古人在称呼人的时候习惯于在姓的后面加上对方的身份，所以严致和又可称呼为——严监生。

4. 这个形象出自我国古典名著《儒林外史》，作者是清代作家吴敬梓，这部小说，他用了十多年的时间才完成。

〔设计意图：课堂伊始，教师引领学生理解"监生"的意思，继而理解"严监生"的意思。再和学生一起溯源，了解"严监生"这个人物出自哪本著作，这部著作的作者是谁，他用了多长时间完成了这部作品的创作。内容上紧密联系，环环相扣。〕

（二）说词语释义

1. 课文只节选了小说中的一个片段。由于它写于清朝，那时的说话方式与现在有很多不一样的地方，所以出现了一些不常用的词语。请你来读一读，说说它的意思。

课件出示：

自此，严监生的病，一日重似一日，再不回头。

诸亲六眷都来问候。

严监生喉咙里痰响得一进一出，一声不倒一声的，总不得断气，还把手从被单里拿出来，伸着两个指头。

郎中　哥子　灯盏　登时

2.重点交流：

再不回头：病再不见轻。

诸亲六眷：指许多亲戚。

一声不倒一声：一声连着一声。

灯盏：没有灯罩的油灯。

3.课前大家进行了预习，谁来读一读课文，试着把课文读正确。（指名读课文，注意纠正学生读错的字音。）

4.再读一读课文，注意读准字音，把课文读流利。

【设计意图：这篇课文，与学生平日学习的课文在说话方式上有很大的不同。所以在初读课文时，教师要指导学生理解课文中难理解的词语的意思，为学生正确、流利地朗读课文做好铺垫。】

（三）悟人物心情

1.在小说原文中也有关于他家境的描述。请你读一读，想想这是一个怎样的人？

课件出示：

他家有十多万两银子，钱过百斗，米烂陈仓，僮仆成群，牛马成行，良田万亩，铺（pù）面二十多间，经营典当，每日收入少有几百两银子。

——节选自《儒林外史》

2.就是这样一个人，在临死的时候，还把手从被单里拿出来，做了一个什么特别的举动？（板书：两个指头）

3.这可是一个经典的细节。诸亲六眷猜想这两个手指头，到底是指什么？一起来梳理一下情节。（板书：两个亲人、两笔银子、两个舅爷）

4.诸亲六眷在严监生临死的时候，猜想他还在惦记着亲人、钱财，这是人之常情。但他们猜得对吗？

5.每一次猜后，严监生反应如何？

课件出示：

猜的人	猜测内容	严监生的反应
大侄子	两个亲人	他就把头摇了两三摇
二侄子	两笔银子	他把两眼睁的溜圆，把头又狠狠摇了几摇，越发指得紧了
奶妈	两个舅爷	他听了这话，把眼闭着摇头，那手只是指着不动

6. 除了能读出诸亲六眷没有猜对，还读出了什么？小声音地读一读，体会体会。（提示：能不能从严监生的动作、神态的描写读出他的心情？在评价中总结阅读方法：同学们会读书，能从人物的神态和动作中读出人物的心情。）

7. 再读一读这三句话，能不能颠倒顺序？（这三句话表现出严监生心情变化的过程：失望——愤怒——绝望。在评价中总结阅读方法：同学们会读书，能把这三句话联系起来，读出人物心情变化的过程。）

8. 请三位同学分别朗读这三句话，把人物的心情通过你的朗读表达出来。

【设计意图：教师引领学生读书，就要引领学生读出文字背后之义。在阅读中，领悟到了写法——用动作、神态描写展现人物的心情。这不仅提高了学生的阅读能力，同时学生也领悟到了表达的方法。】

（四）悟表达秘妙

1. 此刻，诸亲六眷都没有猜到这两个手指头指什么。作为读者，你想不想知道？

2. 读下文，究竟这两个手指头指的是什么？（板书：两茎灯草）

3. 此刻，严监生是怎样的一番心情？读最后一句话，概括成一个词语。

4. 这个结果，你想到了吗？当你知道了"两个手指"指的是"两茎灯草"时，有什么感受？

5. 小结：当读者所想与严监生所想完全不一样时，就有了一种出人意料的效果，给读者带来了强烈的震撼。（板书：出人意料）

6. 既然是两茎灯草，不写大侄子、二侄子、奶妈的猜测，直接写赵氏的猜测，不是更好吗？

7. 一个问题，猜了三次，都没猜中，出现了几次波折？这就叫——一波三折。（板书：一波三折）

8. 小结：有波折，有悬念。这样写，读者才爱看，文章才精妙。

9. 《西游记》中也有一些故事，出现了一波三折，比如——

10. 这些故事中，作者为什么要写三次波折，写两次或者四次，行不行？

11. 小结：少了不够曲折，多了显得厌烦。写文章要一波三折，但还要注意——事不过三。

【设计意图：学生阅读一篇文本，就要从这篇文本中习得独特的表达方法。这样的阅读过程，学生会充满兴致，因为总是会有发现、经历知识发生过程。真正能让学生保持学习的持久动力，就是学习内容本身。】

（五）读特定情境

1. 课件出示：

自此，严监生的病，一日重似一日，再不回头。诸亲六眷都来问候。五个侄子穿梭的过来陪郎中弄药。到中秋已后，医家都不下药了。把管庄的家人都从乡里叫了上来。病重得一连三天不能说话。晚间挤了一屋的人，桌上点着一盏灯。严监生喉咙里痰响得一进一出，一声不倒一声的，总不得断气，还把手从被单里拿出来，伸着两个指头。大侄子走上前来问道："二叔，你莫不是还有两个亲人不曾见面？"他就把头摇了两三摇。二侄子走上前来问道："二叔，莫不是还有两笔银子在那里，不曾吩咐明白？"他把两眼睁的溜圆，把头又狠狠摇了几摇，越发指得紧了。奶妈抱着哥子插口道："老爷想是因两位舅爷不在跟前，故此记念。"他听了这话，把眼闭着摇头，那手只是指着不动。赵氏慌忙揩揩眼泪，走近上前道："爷，别人都说的不相干，只有我晓得你的意思！你是为那灯盏里点的是两茎灯草，不放心，恐费了油。我如今挑掉一茎就是了。"说罢，忙走去挑掉一茎。众人看严监生时，点一点头，把手垂下，登时就没了气。

——摘自统编版《语文》五年级下册，人民教育出版社于2019年12月出版

2. 前六句话，主要写了什么？（病重）

3. 这则片段中，可不可以不写"病重"这部分内容，直接写"三举""三猜"，最后揭开谜底？

4. "病重"这部分内容与后文有什么关系吗？

（1）"一连三天不能说话"，埋下伏笔。正是不能说话，所以才有了他一次次的特别举止，才有了人们一次次的猜测。

（2）那么有钱的一个人，在临死前想到的不是亲人，而是微不足道的灯草，可见他吝啬到了什么程度。

5. 小结：作者通过写严监生临死前这个特定的情境，是为了衬托出他的吝啬，由此让人物形象更加丰满。这也是作者的精妙之处。

【设计意图：对于高年级学生来说，阅读，要给予学生在"篇"的背景下，静静地读、静静地思。这将有效地提升学生阅读的能力。】

（六）补阅读资料

1. 严监生的正妻王氏去世以后，他无意中发现了王氏留下的五百两银子，他看着妻子留下的这些银子，表现是这样的。

严监生叹道："……像这都是她历年聚积的，恐怕我有急事好拿出来用的。而今她往哪里去了！"一回哭着……扶着灵床子，又哭了一场。因此，新年不出去拜节，在家哽哽咽咽，不时哭泣，精神颠倒，恍惚不宁。

严监生病重时，曾将小儿子的两个舅舅叫到床前，嘱咐道：

"我死之后，二位老舅照顾你外甥长大，教他读读书，挣着进个学，免得像我一生，终日受大房的气！"

2. 当你了解了这些以后，你对严监生这个人物形象有没有新的理解？

3. 小结：我们看到了这个人物形象的复杂性，所以，经典的人物形象绝不是单薄的，他一定是丰富的。

【设计意图：这样的拓展阅读，不仅让学生对这个人物形象有一个更加准确、丰满的认识，教师也在悄无声息地引领学生阅读原著。】

七、板书设计

临死前的严监生

	两个亲人		出人意料
两个指头	两笔银子	两茎灯草	
	两个舅爷		一波三折

用心感受中华民族的精神、尊严、气节
——《狼牙山五壮士》教学设计

一、教学目标

1. 正确、流利、有感情地朗读课文。
2. 感悟篇章结构，学习描写群体人物的方法。
3. 理解描写五壮士痛击敌人和英勇跳崖的动作、神态的语句，体会他们爱护群众、英勇杀敌，为了祖国和人民的利益勇于献身的崇高精神。

二、教学重点

抓住课文中关键语句，体会五壮士的革命精神正是中华民族的精神写照。

三、教学难点

感悟篇章结构，学习描写群体人物的方法。

四、教学准备

制作课件。

五、教学时间

1课时。

六、教学设计

（一）板书课题，梳理课文

1. 今天，我们继续学习《狼牙山五壮士》，一起读课题。（板书：狼牙山五壮士）

2. 指名用小标题概括文章五部分内容。

3. 放声朗读第三自然段，这个过渡段承接了文中哪部分内容？引出了哪部分内容？

4. 选择这条路，对人民群众和连队主力意味着什么？对自己意味着什么？

5. 班长有没有经过慎重的思考？有没有退缩？读出这份坚决。

6. 战士们有没有退缩？从哪体会出来的？

7. 是啊，危难之中方显英雄本色，壮志情怀。

【设计意图：教师引领学生从整体感知文本，重温文本内容。抓住课文的第三自然段，感悟它在课文中起到的作用，以此了解作者的谋篇之法。】

（二）插入资料，深入体悟

1. 继续学习第四部分，我们带着崇敬与虔诚，一起感受他们的壮举与壮言。

2. 在弹尽粮绝之际，五壮士是怎样顶峰歼敌的？用"——"画下来。

课件出示：

他刚要拧开盖子，马宝玉抢前一步，夺过手榴弹插在腰间，他猛地举起一块磨盘大的石头，大声喊道："同志们！用石头砸！"顿时，石头像雹子一样，带着五位壮士的决心，带着中国人民的仇恨，向敌人头上砸去。

（1）马宝玉大声喊道，一连用了两个叹号，你读出了什么？

（2）顿时，石头像雹子一样……为什么要把石头比作雹子？

（3）带着中国人民的仇恨，什么仇恨？

课件出示：

1931年9月18日，日本驻中国东北地区的关东军突然袭击沈阳，以武力侵占东北。

1937年7月7日夜，日军向宛平县城和卢沟桥发动进攻，驻守在卢沟桥北面的一个连仅余4人生还，余者全部壮烈牺牲。七七事变是日本全面侵华开始的标志。

1937年12月13日，日军攻占南京，进行了长达六个星期的大屠杀，中国军民被枪杀和活埋者达30多万人。

（4）带着五壮士英勇杀敌的决心，带着中国人民的仇恨，再读。

（5）这句话表面上写石头，其实写的是谁？

（6）如果说前面对马宝玉的描写是一个"点"，那么后面这部分的描写就是一个"面"。我们把这样描写人物群体的方法称为"点面结合"。这是这一课中，我们学习到的第二种群体人物的描写方法。在阅读第二自然段时，我们学习到的群体人物的描写方法——逐一描写。

【**设计意图**：资料的引入，加深了学生对课文的理解，激起了学生内心中最真挚的情感，激发了学生饱含真情去朗读课文。在这一部分的阅读中，教师有意识地引领学生关注群体人物的描写方法——点面结合，又温习了上一堂课学习的群体人物的描写方法——逐一描写。】

（三）英勇跳崖，感受壮举

1.五壮士在胜利完成任务后，又表现出了怎样的壮举和壮言？默读第五部分，把表现五壮士壮举和壮言的句子画下来。

2.五壮士在胜利完成任务后有没有其他选择？他们为什么选择主动跳崖？带着这两个问题，再读这部分。

3.如果选择了被俘或投降，呈现在侵略者面前的是什么？保全的是什么？丧失的是什么？

4.在敌人面前，五位壮士代表的是他们自己吗？他们选择壮烈跳崖，是要告诉敌人什么？

5.让我们带着对壮士的崇敬之情，齐读这两段话。

课件出示：

五位壮士屹立在狼牙山顶峰，眺望着群众和部队主力远去的方向。他们回头望望还在向上爬的敌人，脸上露出胜利的喜悦。

说罢，他把那支从敌人手里夺来的枪砸碎了，然后走到悬崖边上，像每次发起冲锋一样，第一个纵身跳下深谷。战士们也昂首挺胸，相继从悬崖往下跳。

6.在这部分中，作者采用了哪些方法描写群体人物？

7.教师小结：第一段的内容中，同样的动作，同样的神态，完全可以把所要描写的诸多对象看作一个整体，对他们进行描写，这就是"整体描写"。第二段的内容中，先写马宝玉的动作，然后再写其他所有战士的动作，既有"点"的详细描写，又有"面"的概括性描写，做到了详略得当，让读者不觉得啰唆重复。

【设计意图：在学习这部分内容中，教师引领学生透过文字，触摸五壮士的内心世界，感受他们的崇高与伟大。在朗读中，学生又习得了群体人物的描写方法——整体描写。】

（四）再读资料，升华情感

1.老师和大家分享一段资料。

课件出示：

在狼牙山五壮士跳崖之后，一位日本军官命令他的士兵脱帽敬礼，朝天鸣枪向五壮士致敬。

56年后，当年的那位日本军官茅田幸来到保定市易县忏悔谢罪。追杀狼牙山五壮士，是茅田幸在侵华战争中对中国人民犯下的罪行，也是他今生难以忘却的一场噩梦，他一生都受到自己良心的鞭笞，谢罪是他寻求解脱的惟一途径。

2.读了这则新闻，你有什么感受？

3.庄严的敬礼，送给的是谁？

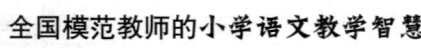

4. 狼牙山五壮士是千千万万优秀的中华儿女中的杰出代表，他们身上所表现出来的，正是我们中华民族的精神，是中华民族的尊严，也是中华民族的气节。

【设计意图：语文教学要走向生活，要与生活紧紧地联系在一起。把生活中的信息引入课堂，对文本内容进行适当的补充与融合，将学生的思考引向深入。】

七、板书设计

狼牙山五壮士

接受任务　　痛击敌人　　引上绝路　　顶峰歼敌　　跳下悬崖

（壮志）　　　　　　（壮举　壮言）

品读《桥》，架起学语文之桥
——《桥》教学设计

一、教学目标

1. 正确、流利、有感情地朗读课文。
2. 理解课文内容，体会文章的思想感情，感受人物崇高的人格魅力。
3. 领悟课文在表达上的特点。

二、教学重点

引导学生抓住课文中令人感动的地方，感受老共产党员无私无畏、不徇私情、英勇献身的崇高精神。

三、教学难点

领悟课文在表达上的特点。

四、教学准备

制作课件。

五、教学时间

1课时。

六、教学设计

（一）温故导入新课

1. 这节课，我们继续学习《桥》。谁读一读课题，用心地读一读。（板书：桥）

2. 上节课，我们初读了课文，走近了作家谈歌笔下的《桥》。那是一座窄窄的木桥。桥虽窄，但它是通往外界的唯一通道。一天黎明，整个村庄还在沉睡中，这里却发生了一场突如其来的灾难——暴雨袭来，山洪暴发。

【设计意图：教师指导学生用心地朗读课题，一个"用心"，会让学生瞬间联想到课文内容，更加投入地、深情地朗读。教师板书课题后，通过充满激情的导语，再一次强调了"桥"的特点与重要性，为后文的学习埋下伏笔。简单的导语，渲染出了当时的氛围。】

（二）触摸村民内心

1. 人们是怎样面对这场灾难的？他们是怎样做的？打开书，小声地读一读课文第一～六自然段，一边读一边思考。

课件出示：

人们翻身下床，却一脚踩进水里。

是谁惊慌地喊了一嗓子，一百多号人你拥我挤地往南跑。

人们又疯了似的折回来。

人们跌跌撞撞地向那木桥拥去。

2. 自己再读这几句话，能触摸到人们的心情吗？

3. 你觉得人们的心情怎样？从哪体会到的？带着这样的心情读一读。

4. 从人们的行动中，我们触摸到了人们的内心世界。这也是一座桥，是走进人们内心的桥。一起读一读，我读写人们心情的部分，你读写人们行动的部分。

课件出示：

人们惊醒了，
翻身下床，却一脚踩进水里。

是谁惊慌地喊了一嗓子，
一百多号人你拥我挤地往南跑。

人们恐慌了，
又疯了似的折回来。

人们惊骇不已，
跌跌撞撞地向那木桥拥去。

【设计意图：课文一开篇，向我们渲染了当时的环境，紧紧抓住了村民的行为举止，同时伴随着村民的心情。动作与心情紧紧地交织在一起，扣人心弦。同时，与后文党支部书记的行为举止形成了鲜明的对比。教师，依据作者的创作思路而导学，值得借鉴。】

（三）感知人物形象

1. 这座窄窄的木桥，一头连着生，一头连着死，走过它就有生的希望，留在这头就有死的危险。全村一百多号人一齐拥向这窄窄的木桥，木桥怎能承受得了呢？正在这危急的关头，人们看到了谁？

2. 默读课文第七～二十三自然段，用横线画出描写老汉的句子，并思考：这是一个怎样的老汉？

3. 描写老汉的句子中，哪句话与人们的举动形成了鲜明的对比？把这样的句子找出来。

【设计意图：课堂，既要书声朗朗，又要静思默想，要给学生提供充足的静心读书的时间。感知党支部书记的光辉形象，是本课时的教学目标之一，教师引领学生默默读书，这是引领学生感悟的前提。】

4. 师生交流。

老汉清瘦的脸上淌着雨水。他不说话，盯着乱哄哄的人们。他像一座山。

（1）这是一位怎样的老汉？从哪里体会到的？

（2）再读这句话，从这段话中哪些地方看出他像一座山？

（3）小结：他如山一样深沉，他如山一样威严，他如山一样坚毅。

（4）带着一份深深的敬意再读这句话。

【设计意图：引领学生通过对细节的感悟来走近这位可敬的党支部书记，不说话——深沉，盯着——威严，如山——坚毅。抓住了具体的文字，读中品，品中读，不仅培养了学生的语感，还让学生透过文字，触摸到了人物的形象。】

老汉沙哑地喊话："桥窄！排成一队，不要挤！党员排在后边！"

（1）这是一位怎样的老汉？说出你的理由。

（2）指导朗读：注意那三个感叹号。触摸到老汉的内心世界了吗？通过朗读表达出来。

（3）老汉说的话一共有三句，能不能用上两组"因为……所以……"把它们连起来？第二个原因，你要补充上。

（4）那么老汉会排在什么位置？难怪他会赢得全村人的拥戴。

【设计意图：教师通过三步，引导学生感悟党支部书记的话语，一读、二品、三思。一个把生的希望留给了别人、把死的危险留给了自己的党支部书记的形象矗立在学生的心中。】

5. 描写老汉的句子中，哪句话与刚刚品读的这两句话形成了鲜明的对比？把它们找出来。

老汉突然冲上前，从队伍里揪出一个小伙子，吼道："你还算是个党员吗？排到后面去！"老汉凶得像只豹子。

老汉吼道："少废话，快走。"他用力把小伙子推上木桥。

（1）这两句话中有一个同样的动作，发现了吗？

（2）透过这两个"吼"字，流露出的老汉的心情一样吗？说出理由。

（3）从哪些地方感受到老汉的愤怒与急切？

（4）是啊，从他的动作、说话的语气和神态让我们感到他此时的愤怒。从他的语言、动作感受到他的急切。

（5）读这两个自然段，让我们感受到老汉心中的愤怒与急切。

（6）你知道老汉和小伙子是什么关系吗？你再读这两段话，你从这两个"吼"字，又感受到了什么？

（7）老汉吼道，命令儿子排到后面，这将意味着什么？你的心是不是受到了震撼？老汉是一个怎样的人？

（8）从这两个"吼"感受到那份沉甸甸的父爱了吗？

（9）一个吼字，流露出了老汉的不同心情，却都表达了老汉真挚的爱，只是爱的出发点不同。在比较中体会，也是一座桥，可以让我们触摸到人物的心情，并感受到人物内心的情感。

（10）带着对党支部书记的敬意，带着对一位父亲的敬意齐读这两句话。

（11）儿子读懂了老汉这份沉甸甸的父爱了吗？从哪感受到的？

【设计意图：对话两个"吼"字，教师和学生进行了比较阅读。在读中，学生感悟到了同样的一个动作，有着太多的不同，"吼"的原因不同，"吼"时的心情不同，但都饱含了老汉对儿子的沉甸甸的爱。展现在学生面前的，不光是一位优秀的党支部书记的形象，他还是一位好父亲。教学如同层层剥笋，由表及里，深入浅出。】

（四）升华"桥"的内涵

1. 父子俩相推的一瞬间，不幸发生了。（放录音）

课件出示：

突然，那木桥轰地一声塌了。小伙子被洪水吞没了。

老汉似乎要喊什么，猛然间，一个浪头也吞没了他。

一片白茫茫的世界。

2. 无情的洪水啊，你吞没了一位优秀的党支部书记，你吞没了一个好父亲。但无情的洪水永远也吞没不了的是什么？

3. 如果请你给这座窄窄的木桥命名，你会起一个怎样的名字？要说出根据来。

4. 请把你思考到的名字写到黑板上。

【设计意图：此刻，每一个学生的心中都拥有了属于自己的读书感悟。教师，及时地给学生提供倾诉心声的时间与空间，鼓励表达与分享，生生对话。教师以"桥"导入新课，又以"桥"命名结束，可谓首尾呼应。桥，在学生的心中留下了不可磨灭的记忆。更多的是"桥"所代表的精神，激励着学生不断向前。】

（五）寄托无限哀思

1. 这位优秀的党支部书记，将村民们送上了跨越死亡的生命桥。然而，洪水吞没了这对了不起的父子，只留下了一片白茫茫的世界。让我们满怀哀思与崇敬齐读课文结尾部分第二十四~二十七自然段。

2. 老太太失去了如山的丈夫和风华正茂的儿子，心中必定是一种撕心裂肺的痛。老人站在这里，没有看到那座窄窄的木桥，但她看到了丈夫用大山一样的爱、用自己的血肉之躯筑起了一座不朽的桥梁。老人的心里又有了一点点的满足。

【设计意图：几句话，简简单单的，但真实地真切地反映了老太太心中百感交集的心情。面对老太太，相信在学生的心中，有理解，有同情，有敬佩。】

七、板书设计

桥

团结桥　　爱心桥　　党员桥　　红色桥

奉献桥　　生命桥　　坚毅桥　　伟大的桥

感受老北京独特的民俗文化

——《北京的春节》课堂实录

一、教学目标

1. 正确朗读、书写由14个生字组成的词语，学会分类识记。

2. 正确、流利地朗读课文，了解老北京春节的习俗，感受节日的热闹气氛，品味过年的味道。

3. 揣摩文章的表达顺序，体会详写、略写的好处。

二、教学重点

引领学生随着作者的描述，感受老北京过春节的隆重和热闹，领悟民俗文化的丰富内涵。

三、教学难点

揣摩文章的表达顺序，体会详写、略写的好处。

四、教学准备

制作课件。

五、教学时间

1课时。

六、教学设计

(一) 趣谈习俗，激活春节记忆

师：今年过年，收到长辈给的压岁钱了吗？

生：收到了。

师：有的同学笑得特别开心，说明大家收到了压岁钱很高兴。可是，有一位作家，叫梁实秋，他写了一篇文章《过年》。他即便是收到了压岁钱，也高兴不起来，这是为什么？

（学生不作声）

师：读一读原文中的一句话——

压岁钱不是白拿，要叩头如捣蒜。

师：有的同学笑了，为什么笑了？

生：他说，叩头如捣蒜，跪在地上，不停地磕头，和捣蒜一样，一下一下地，接连不断。太好笑了。

师：作家形象地刻画出了叩头的样子，让我们感受到了语言的幽默。以"春节"为主题，很多作家都创作过，斯妤创作《除夕》，冰心创作《童年的春节》，老舍先生写过——

生：《北京的春节》。

【设计意图：教师由不同的作家笔下的有关"春节"主题的作品引入新课，目的有三。一是巧妙地给学生推荐了阅读的篇目；二是引入梁实秋笔下的充满了生趣的语句，进一步激发学生的课外阅读兴致；三是唤起学生心中的阅读期待，老舍先生又是如何写《北京的春节》的呢？】

(二) 设下悬念，引发阅读期待

师：这篇课文的作者是谁？

生：老舍。

师：哪里人？

生：北京人。

师：是啊，老舍先生生在北京，长在北京，大部分时间在北京度过。一个地地道道的北京人，运用着地地道道的北京语言，向我们展示了地地道道的北京春节，究竟地道在哪呢？放声朗读课文，作者写了哪些重要的日子？

（学生自由读书）

【设计意图：教师向学生交代了有关作者、作品的情况，言简意赅，有助于学生更好地、深入地走进文本。指导学生带着任务阅读，一边读一边思考——作者写了哪些重要的日子？读与思紧密地结合在一起，提高阅读的效果。】

（三）朗朗读书，梳理春节印象

生：作者写了腊八、二十三过小年……

师：是腊月二十三，说，就要说准确，请接着说。

生：有除夕、正月初一、正月十五。

教师板书：

腊八——（　　　）——腊月二十三——（　　　）——除夕——正月初一——（　　　）——正月十五——（　　　）

师：黑板上，括号里面，应该填上哪些表示时间的词语？

（学生表达，教师板书）

腊八——（腊月初九至腊月二十二）——腊月二十三——（过了二十三）——除夕——正月初一——（正月初六）——正月十五——（正月十九）

师：在合作中，我们完成了板书。作者在写《北京的春节》时，以什么为序？

生：以时间为序。

【设计意图：教师遵循整体感知的原则，初读课文，了解作者写了哪些重要的日子，这是引领学生了解课文的脉络，把握课文基本的表达顺序。而后教师引领学生了解重要节日间的过渡，这是了解段与段之间如何交织在一起形成篇章的。在与学生的合作中，完成了板书，让学生参与课堂教学中的每一个环节。】

（四）再读课文，感知传统习俗

1. 读中思，概括习俗，小结学法

师：请九位同学分部分，朗读课文，每读完一部分内容，请你概括一下，在这特定的节日里，有哪些习俗。

生：朗读第一、第二自然段。

师：在腊八节里，有哪些习俗？

生：熬腊八粥，泡腊八蒜。

师：腊八粥，喝过吗？

生：嗯，喝过。

师：什么叫泡腊八蒜？

生：把蒜瓣放进醋里，封起来，为过年吃饺子用。这就叫泡腊八蒜。

师：这里出现了一个生字——醋，左边是"酒"的右半部分，右边是"昔"字。用"昔"字组个词语。

生：昔日。

师：昔日的酒和粮食掺和在一起，发酵后，就变成了——

生：醋。

师：到年底，蒜泡得色如翡翠，醋也有了些辣味，色味双美，这样的醋，就叫——

生：腊八醋。

师：就像这样，读完一部分，请同学概括出这部分中的习俗。谁发现了，同学是怎样概括出腊八的习俗的？

生：从句子中抓住了关键词语，直接摘录词语，就概括出了习俗。

【设计意图：一个"醋"字，先拆字了解其各个部件，而后将其各个部件连在一起，了解其字义。这样的教学体现了汉字的特点——因形索义，因义记形。而后，学生自然而然地了解了腊八醋。】

2. 读中思，分享习俗，体味语言

生：朗读第三、第四自然段。

师：这部分内容中，出现了几个儿化音，谁再读一读？

生：买杂拌儿、零七八碎儿、玩意儿。

师：北京人爱读儿化音，读得再亲切自然些，微笑着读一读。

生：买杂拌儿、零七八碎儿、玩意儿。

师：概括地说一说节日习俗。

生：小孩子买杂拌儿、买爆竹、买各种玩意儿，大人们预备过年的物品……

（学生每读完一部分，学生独立概括出习俗）

课件出示：

时 间	风俗习惯
腊月初八	熬腊八粥，泡腊八蒜
腊月初九至腊月二十二	孩子：买杂拌儿，买爆竹，买各种玩意儿 大人：预备过年的物品
腊月二十三	过小年，放鞭炮，吃糖
过了二十三	大扫除，把吃的准备充足
除夕	做年菜，穿新衣，贴对联，贴年画，灯火通宵，放鞭炮，吃团圆饭，守岁
正月初一	店铺关门，男人拜年，女人待客，逛庙会
初六	铺户开张，还可以逛庙会、逛天桥和听戏
元宵	看花灯，小孩放花炮，吃元宵
正月十九	春节结束

师：同学们很会读书，朗读课文的同学，是具体地表达春节中的习俗。把一两段话，凝结成了几个词语，是概括地表达春节中的习俗。为什么大家能够轻而易举地从句子中摘录词语概括习俗？这是因为作家笔下的语言——

生：直白。

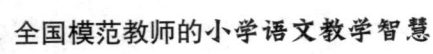

师：正如老舍先生自己说的：我不论写什么，总希望能够信赖大白话……

【设计意图：指导学生自读课文，从文中概括出北京人过年时的风俗习惯，这是有效地培养学生阅读能力、概括能力。从而，感知春节习俗的丰富多彩。】

3. 读中思，回味课文，体味详略

师：作者详细写的是哪几个部分？

生：腊八、除夕、正月初一、正月十五。

师：为什么这几个部分详细写？

生：因为这四个是最主要的节日，所以要详写。

生：在这四个节日中，每个都有很多特定的习俗，所以写得详细。

生：在这四个节日中，最为热闹了，所以作者要详细写。

师：说得好！因为这些都是春节的特征，这样详略穿插描写，让人觉得琳琅满目，眼前好像有一幅幅画面出现，有的是放眼掠过，有的是停下来仔细地瞧，给读者留下深刻的印象。

【设计意图：教师引领学生感知文本的过程是有序的，在"概括习俗的名称"环节上，体现了"教、扶、放"的原则。"教"，带领学生概括习俗名称；"扶"，引导学生总结概括方法；"放"，任由学生概括习俗名称。在"感悟文章表达方法"环节上，不仅关注到了文本语言，还关注到了文本材料的详略安排。】

（五）静思默想，体味年的味道

师：老舍先生说，鞭炮响起来，便有了过年的味道。默读课文，思考——年味儿藏在了哪些句子里？过年的味道，是一种怎样的味道？可以在句子旁边简单地写写。

（学生默读后，纷纷回答）

1. 年特有的味道

生："除夕真热闹。家家赶做年菜，到处是酒肉的香味。"我觉得过年是热闹的味道。

师："热闹"在文中出现了两次，一次是"真热闹"，一次是"分外热闹"。热热闹闹，才有年味。他找到的是描写饮食的，还有补充吗？

生："这一天，是要吃糖的，街上早有好多卖麦芽糖与江米糖的，糖形或为长方块或为瓜形，又甜又黏，小孩子们最喜欢。"过年就是一种甜甜的味道。

师：透过课文中的句子，和自己的想法融合在一起，这就是你的感悟。香香甜甜，才有年味。

生："到年底，蒜泡得色如翡翠，醋也有了些辣味，色味双美，使人忍不住要多吃几个饺子。"

师：色味双美，才有年味。

生："孩子们准备过年，第一件大事就是买杂拌儿。"

师：什么叫"杂拌儿"？

生："这是用花生、胶枣、榛子、栗子等干果与蜜饯掺和成的。"

师：这句话中，作者一一列举了四样干果，用顿号相隔。假如去掉并列的四个词语，句子岂不是更简洁？请两个同学分别读一读，一个读原句，一个读改后句子。

生：这是用花生、胶枣、榛子、栗子等干果与蜜饯掺和成的。

生：这是干果与蜜饯掺和成的。

师：你觉得哪句话更有年味？

生：第一句。

师：一个个并列的词语，一个个的顿号，体会到过年是一种怎样的味道？

生：过年是一种甜甜蜜蜜的味道。

生：过年是一种丰富多彩的味道。

师：过年的味道，就是丰富多彩，这味就藏于词语、标点中。

2. 年特有的颜色

生:"男女老少都穿起新衣,门外贴上了红红的对联,屋里贴好了各色的年画。"过年的味道就是喜庆。

师:红红的对联,这可是年特有的颜色,红红火火才有年味;屋里贴好了各色的年画,喜喜庆庆才有年味。

3. 年特有的方式

生:"在外面做事的人,除非万不得已,必定赶回家来吃团圆饭。"我觉得年的味道就是团圆的味道。

师:团团圆圆才有年味。

4. 年特有的节奏

生:"孩子们欢喜,大人们也忙乱……好在新年时显出万象更新的气象。"我觉得过年的味道就是忙个不停,所有的,都是新的。

师:是啊,忙忙碌碌,才有年味。

5. 年特有的声音

生:"天一擦黑,鞭炮响起来,便有了过年的味道。"过年的味道,就是热闹的味道。

师:爆竹声声,这是年特有的声音。爆竹声声,才有年味。还有写爆竹的语句吗?

生:"除夕夜家家灯火通宵,不许间断,鞭炮声日夜不绝。"

生:"小孩子们买各种花炮燃放,即使不跑到街上去淘气,在家中照样能有声有光地玩耍。"

师:爆竹声声一岁除……

6. 年特有的装饰

生:"正月十五,处处张灯结彩……有的通通彩绘全部《红楼梦》或《水浒传》故事。"我觉得年的味道就是红火而美丽。

生:那么多的花灯,各形各色,多么喜庆。

师:喜喜庆庆,才有年味。

7. 年特有的活动

生："城内城外许多寺院举办庙会……美好姿态与娴熟技能。"这是写人们在初一可以去逛庙会，过年的味道就是开开心心，快快乐乐。

生："男人们午前到亲戚家、朋友家拜年。"我读出年的味道是和谐、安祥的。

师：过年，要走亲访友，相互拜年，表达祝愿。和和美美，才有年味。年味，就在一个情字上。年味，要听，要看，更要用心体会。阅读作家笔下的文字，感受着年的味道。味道，就是我们常说的文化。年的味道，就是年的文化。

【设计意图】：阅读，应给予学生充分的时间和空间。对于高年级的学生而言，教师要引导学生在篇章的背景下，进行阅读，与文本对话。这将有效地提高学生的阅读能力。在这一环节中，教师巧妙地以"过年的味道，是一种怎样的味道"为载体，引领学生深入地感悟文本、对话文本，从年特有的味道、年特有的色彩、年特有的方式等多个角度，畅谈自己的独特感悟，从而实现学生的自主阅读、自主感悟。】

（六）朗读生词，梳理年的习俗

师：句子要反复朗读，词语也要注重积累。这一课的生字比较多，一起看书后生字表。请用生字表中的生字组成词语回答问题。春节差不多在腊月什么时候就开始了。

生：初旬。

师：过年特有的饮食有——

生：腊八粥。

生：腊八蒜。

师：到年底，蒜泡得色如——

生：翡翠。

师：继续说过年特有的饮食有——

生：腊八醋。

生：饺子。

生：杂拌儿。

生：榛子。

生：栗子。

生：麦芽糖。

师：过年特有的玩意儿——

生：风筝。

生：鞭炮。

师：过年特有的活动——

生：逛庙会。

师：在哪举办的庙会？

生：寺院。

师：这些生词能写正确吗？回去写的时候，要关注细节，看准了，再书写。

【设计意图：对于高年级学生来说，学生具备了独立识字的能力。课堂上，教师通过回顾文本，既实现了小结课堂的目的，又温习了课文中的生字，如"熬腊八粥""翡翠""腊八醋"等等，教师还针对写字进行适时指导。课堂教学不仅有效，而且追求高效。】

（七）追本溯源，收藏年的记忆

师：这篇文章原载于1951年1月的《新观察》刊物上。在原文中有这样一句："也许，现在过年没有以前那么热闹了。"文章中的"现在"，指什么时候？

生：1951年。

师：时至今日，又过去了60多年，文中所提到的习俗，也许我们在过年的时候又看到了，这说明过年的老规矩被我们传承了下来，成为传统文化；那些没有看到的习俗，就像腊八蒜一样，被封存了下来，成为了北京这座城市永久的记忆。

【设计意图：介绍这篇文章最初发表的刊物，将课堂延伸至课外，有兴趣的同学一定会借来《新观察》去阅读原文。此外，教师还将课堂延伸至生活，不仅感悟文本，还期待着学生走出课堂后，去亲身感悟生活。】

七、板书设计

北京的春节

腊八（1、2）——腊月初九至腊月二十二（3、4）——腊月二十三（5）——过了二十三（6）——除夕（7）——正月初一（8、9）——正月初六（10）——正月十五（11、12）——正月十九（13）

第三辑

反思，提升教学之智

《礼记·学记》中说："学然后知不足，教然后知困。""困"说的就是对教学反思，这是教师专业成长不可缺少的途径。反思，可以记录失误的地方，可以记录教学过程中的灵感和顿悟，也可以记录课堂亮点，还可以记录学生的闪光点。写课后反思，重在及时，重在坚持，重在执着地追求。

寻找冬天的小秘密
——执教《雪地里的小画家》有感

昨天，我和学生一同阅读了《雪地里的小画家》这首诗。学生对小动物们在雪地里留下的奇特脚印充满了兴致。真巧，清晨推开楼门，下雪啦！下雪啦！那今天的语文课……对！就这样上。

"铃——铃——"上课了。

师：你们看，今天天气怎样？

生：下雪了。

师：喜欢到雪地里去上课吗？

生：喜欢。

师：知道我们到雪地里去做些什么吗？

生：去打雪仗。

生：去外面堆雪人。

生：到外面做游戏。

生：我们去外面跑步。

生：我们去跳绳。

……

师：我告诉大家，这节课我们到外面去寻找冬天的小秘密。

（学生欢呼）

师：现在，我来发到室外上课的听课证。请你准备好一支笔，到室外集合。

（学生纷纷到操场）

师：同学们，集合。

（学生列队集合）

师：今天我们一起去寻找冬天的小秘密。给你20分钟的时间，你可以用眼睛去看，用耳朵去听，用鼻子去闻，用手去摸。这样，你一定会找到冬天的很多的小秘密。最后，我祝愿每一位同学都能取得本次活动的成功。20分钟之后，回到这里集合。

（学生纷纷去寻找冬天的小秘密）

师：同学们，集合了。现在，请拿出你的笔，在你的听课证的背面，把你发现的冬天的秘密画下来，再在你的作品上写上一句话，这句话可以是你发现的冬天的秘密，可以是你对冬姑娘说的话，也可以是你赞美冬天的话。

（学生利用10分钟的时间完成）

师：快把你写的美妙的句子给大家读读，好吗？

生：树上的叶子都没了，我还看见了房子上面都有雪了。

生：冬天，吸上一口空气，感觉很凉，我还发现了小雪花是六个瓣的。

生：冬天好凉啊，太阳公公也不"厉害"了。

生：我发现了冬天的空气特别好，雪很白，树上、屋顶上都是白色的。

生：雪好玩，天气很冷，冻得手都动不了了，地面的水都结成冰了。

生：我吸空气时，我感受到很清爽，大树的树叶都没有了。我"啊"的时候，就觉得我的嗓子干了。

生：冬天下的雪很白很白，可是拿鼻子一闻，什么味都没有。

生：雪好白好白，雪好冷好冷。我看见小楠说话时，她的嘴还冒热气。

……

晚上，当我坐在电脑前，眼前依然浮现出学生那通红的小脸、被冻得通红的小手……尽管外面很冷，但我和学生却很快乐。回味着白天那堂快乐的语文课，我不禁在电脑文档里写下了自己的思考——

《雪地里的小画家》这篇课文是传统篇目，这一课的美育渗透点——培养学生对自然美的欣赏。在第一、第二课时中，通过感悟书中的精美语言，学生已经被伟大与神奇的自然所吸引。那么，在第三课时的教学中，倘若能让每一个学生走进自然，亲身体验，并寻找冬天的小秘密，学生一定会感受到自然的美好、学习的快乐。由此，教师有意识地把课内学习延伸到课外，增加学生创造性学习与实践的机会，鼓励并带领学生走出教室，亲近自然，观察周围的事物，引导学生用眼、耳、鼻、手等器官去感受自然，最后用语言表达出来。尽管学生的语言有些稚嫩，但那是学生真实的感受、自由的表达，是心灵的花朵在尽情绽放。

全国模范教师的小学语文教学智慧

徜徉文本中，读懂字词句
——执教《爬山虎的脚》有感

轻轻地翻开语文课本，一篇篇精美的文本映入眼帘，这是学生学习语言的多么好的范例啊！引领学生一遍遍地阅读文本、感悟文本、对话文本，其目的还是引导学生感悟、对话其语言的表达形式。细想封面上的"语文"二字，有"语言"和"文字"之义，和学生一起在文本间流连，学习语言和文字，感悟语言的精练与优美、用词准确与精妙。

带着这样的思考，我走进了课堂，和学生一起阅读了《爬山虎的脚》这篇课文。当我走出课堂时，脸上不禁露出了微笑。因为在和学生一起分享第二自然段时，以字、词、句为载体，渗透学习方法的指导，师生在文本中游历，并亲身感受到了祖国语言文字的魅力。

一、品句

当学生反复朗读了课文第二自然段后，我设问："会读书的孩子能够将厚书读薄，你们默读这一自然段后，能不能将这段话读成一句话呢？"分享学生的思考时，第一位学生朗读的是这一自然段的第一句话："爬山虎刚长出来的叶子是嫩红的……变成嫩绿的。"我启发道："作者除了描写爬山虎刚长出来的叶子，这一段还讲了什么呢？"学生继而又朗读了作者描写的爬山虎长大了的叶子的部分。这时，再次引领学生思考："你看看哪句话既讲了爬山虎刚长出来的叶子，又讲了爬山虎长大了的叶子呢？"学生很轻松地朗读着这一段的第二句话:"爬山虎的嫩叶,不大引人注意,引人注意的是长大了的叶子。"

至此,学生感受到了这句话在这个自然段中承接了上文、引出了下文,很自然地把前后两部分内容紧密地联系在了一起。在品句的经历中,学生领悟到了一种读书的方法——把书读薄,学会概括。

二、品词

当品读"叶尖一顺儿朝下,在墙上铺得那么均匀,没有重叠起来的,也不留一点空隙"这句话时,请学生概括出叶子的特点,可学生感到畏难。于是,我引导学生读句子,看插图,请同学们说一说"看过了这幅爬山虎叶子的画面后想到了哪些词语?"学生说了一个又一个,像"一顺儿朝下""没有重叠""不留空隙""均匀"……我顺势引导:"学语文,就要读懂书上的每一个词语、每一句话。你再读读这句话,能用文中的话来说说'均匀'的意思吗?"学生从"没有重叠起来的""也不留一点空隙"中读懂了"均匀"的意思。在品词的经历中,学生也领悟到了一种读书的方法——联系上下文读懂词句。

三、品字

每一篇文本中,都藏有一些运用的精妙之字。对话文本时,我都要和学生抓住运用的精妙之字反复品味、咀嚼,体会作者用词之精妙,丰富学生的语感。

如对话"一阵风拂过,一墙的叶子就漾起波纹,好看得很"这句话时,我采用字理教学法,引导学生品悟那个"漾"字。

师:你看,这个"漾"字是由哪几部分组成的?

生:"漾"字是由"氵""永"和"无尾巴的羊"组成的。

师:右上角这个部分是"羊"的省写,而"永"有"长久"之意,合起来的意思就是——羊群不断地增加。它的部首是"三点水",这个字是指什么在不断地增加呢?

生:水在不断地增加。

师：既然是水不断地增多了，水面就会——

生：微微动荡。

师：再读这句话，你看看是什么在微微动荡？

生：满墙的爬山虎的叶子都在微微地荡了起来，像美丽的波纹。

师：漾起的波纹是多么美啊！再读一读这句话，把你的感受一同读出来。

接下来，学生有感情地朗读这句话，在这句话的学习中，先指导学生剖析字形，启发学生理解字义，再把理解送回句子中，朗读句子。

在这一自然段中，我还引导学生品读那个"嫩"字，由"嫩"字组成的词语有——嫩红、嫩绿和嫩叶。同一个"嫩"字，在词语中的意思却是不同的。这正是祖国语言文字的魅力所在。在朗读中，学生有了思考，有了感悟。理解了"嫩红"与"嫩绿"的"嫩"是指颜色浅，而"嫩叶"的"嫩"是"娇嫩"的意思，学生感受到了汉字意义的丰富多彩。

在品字的经历中，学生又领悟到了一种读书的方法——据词理解字义。

与学生学习完这一篇课文后，我回到办公室，再一次静下心来思考，我感到：一篇篇文本都是由字词句组成的，徜徉文本之中，就是要品味组成文本的这一个个字、词、句。在反复朗读中，积累了词句；在联系上下文思考中，读懂了词句。这样的感悟，做到了积累，做到了学法的渗透，做到了让教材成为一个例子，是在用教材教，而不是在教教材。这样的课堂，也突显了一个"实"——朴实与扎实。

触摸春天，感悟生命
——执教《触摸春天》有感

《触摸春天》这篇课文的作者以优美、生动而又充满诗意的语言，向我们诉说着作者内心最真切的人生感悟——谁都有把握春天的权利，只有用心去感悟生命的美好，才能创造一个属于自己的春天。

在与学生学习这一课时，我确定为两课时完成。让学生在课堂上，师生一同经历了三个过程：走进文本，感知文本；游历文本，感悟文本；走出文本，超越文本。

一、走进文本，感知文本

教师引领学生走进文本的最好方式，就是"读"。在朗读中，学生一点一点地走进文本，了解文本之内容，触摸文本蕴含的情感。

1. 读通文本是感知文本的基础

文本，是鲜活的，是灵动的，是富有生命的。学生要通过这一篇篇文本，从中学习语言、陶冶情操。而感知文本是基础，先要引导学生将课文读通、读顺。

读通课文，其"通"就是"通畅"的意思。"读通"就是把课文读通畅。让学生读通畅课文，就要给学生以充足的时间。通过自由读，教师巡视指导；通过指名读，师生共同纠正伙伴读书中出现的错误读音。此时，读者，高声朗读，锻炼了自己；听者，侧耳倾听，听的过程也是听者学习的过程。

在有限的时间内，教师面向了全体，让每一个学生都积极地投入到学习活动中，让每一个学生都学有收获，发挥有限时间内的最大效益。

在读通课文的基础上，了解学生朗读课文中生词的情况。在这篇课文中，会写词语有：小径、流畅、磕磕绊绊、瞬间、弧线、飞翔、权利、缤纷。会读词语有：清香袅袅。容易读错的词语有：曲线、悄然。

教学中，我将以上词语打印在卡片上，把读准这些词语的字音作为重点，而会写词的学习重点还包括识记字形与理解其意思。重点强调字形的字有："径"字第五笔不出头；"翔"字第六笔是"撇"；"磕"字由三部分组成，其结构是左右结构；"瞬"字的部首是"目"字，右边易写错。指导学生识记后，让学生"读"字，读重点笔画的位置，再写字。理解词语的意思，有的采用温故知新法，如理解"小径"，联系学生学习过的《山行》中的"远上寒山石径斜"一词中的"石径"，来帮助学生理解"小径"——小路；有的采用凭借学生已有知识经验，如理解"瞬间"，我这样设问："这个词语形容什么的？有什么特点？"再让学生来说"一瞬间"的近义词（一眨眼）来加深学生对这个词语的理解；有的采用做动作的方法来理解，如"弧线"与"曲线"，用语言去表达则困难较大，但要用做动作来表示其意思则形象直观，也能准确地表达出学生的理解；还有的词语则可采用联系上下文的方法去理解，如"流畅""悄然"等。

虽然，学生已处在中年级，但对词语的学习，教师仍不能忽视。因为学生对词语的学习要贯穿于小学语文学习的始末，各学段都不应该忽视。也只有学生读懂了词语，才会更加深入地读懂句子、读懂段落、读懂篇章，因为词语是文章的基本单位。

2. 读顺文本是感知文本的途径

"读顺"的"顺"字则是"理顺"的意思。"读顺"课文，就是要一边读，一边理顺作者的表达思路，了解文章各部分的关系，能用简练的话概括出课文的主要内容。

教学时，我从课题入手，先感知那个"春天"，再感知那个"触摸"。学生读书后，便发现第二自然段给我们描绘了春天的景象，第三~六自然段讲述了盲童安静触摸春天时的情景，学生读第七自然段后，便发现这段话流露出了作者自己心灵深处的感受。

再引导学生默读课文，运用摘句法说说各部分都讲了什么内容。学生无不在静静读书，静静思考。也只有学生静下心来学语文，才能真正学好语文。

而后，又引导学生将各部分内容连在一起。他们发现，自己在不知不觉中又学会了概括文章的主要内容——从课题入手，了解各部分内容，从而知道了文章的主要内容。

学习一篇课文，首先要让学生知其意。只有知其意，才能知其义。

二、游历文本，感悟文本

学生感知性地朗读后，对文本有了感知性的理解。阅读文本，就是要在感知性理解的基础上，游历文本中的词句间，去感悟，去品味。品味其表达方法，品味其表达的情感，这才可称得上是读懂了文本。这种懂是由表及里、由浅入深地理解与感悟。

1. 感悟"春天"

阅读第二自然段，用文中一个词语概括出春天的特点——花繁叶茂。先让学生用组词法了解"繁"与"茂"的意思，从而理解"花繁叶茂"的意思。再联系上下文理解"花繁叶茂"——桃花开了，月季花开了。浓郁的花香吸引着安静。既而让学生用"因为……所以……"把带有"花繁叶茂"和"浓郁"的句子连在一起——因为小区的绿地上花繁叶茂，所以浓郁的花香吸引着安静。当说到"因为浓郁的花香吸引着安静"，学生立刻发现——所以她整天在花香中流连。引导学生理解"流连"一词的词义，由"流连"引出其近义词"忘返"。学生再读这句话，学生反复朗读，便发现这里的"整天"有两层意义：

（1）指一天中大部分时间；（2）天天。

学已至此，我设问："课文中的插图也是我们学习的资源，注视着美丽的插图，想一想：究竟是什么使安静整天在花香中流连？"学生阅读文字与插图后，又有了新的感悟："安静留恋这里的蓝蓝的天空、温和的阳光、湿润的空气、嫩绿的小草、鲜艳的小花、美丽的蝴蝶……"而天空、阳光、空气、小草、小花、蝴蝶……汇成了一幅美丽的春天的画面。透过"整天"与"流连"，也让我们感受到了安静对春天的无限热爱。

教学中，我启发学生联系上下文理解词语，继而读懂句与句之间的联系。此举训练了学生的语言，发展了学生的思维。而后又抓住词语"流连"与"整天"，并利用课文中的空白，启发学生想象，引导学生去补白。由于文字与图象的结合，会让学生在头脑中的意象更加丰富。让学生走进文本，身临其境，去感受文本中的主人公的内心世界。

2. 感悟"触摸"

第三~六自然段生动地讲述了安静触摸春天的情景。在"触摸春天"的过程中，对于安静来说，这是两次全新的经历，她的心灵两次来到了一个她完全没有体验过的地方。

当学生感受安静"第一次全新的经历"这部分内容时，升腾在学生心中的感受便是——惊讶。一个"流畅"，一个"拢住"，让学生在心中产生了疑问。这疑问又能让学生在读书中自己解决。鼓励学生用"因为……所以……"来表达出读书中的感悟："因为盲童安静整天在花香中流连，所以她走得很流畅，没有一点儿磕磕绊绊。""因为盲童安静有神奇的灵性，所以拢住了睁着眼睛的蝴蝶。"其实，与其说安静有一种神奇的灵性，不如说在安静心中有一股强烈的渴望——触摸春天。

引导学生再次朗读课文，走进作者与主人公的内心世界，她们心中也充满了惊讶。一个"竟然"，一个"奇迹"，流露出了作者惊讶的心绪。而安静的内心中也充满了惊讶——或许她没想到能拢住蝴蝶；或许她不知道手指间扑腾的是什么；或许她没有想到蝴蝶会扑腾……这一个细小的动作——扑腾，让安静无不感受到蝴蝶对生命的渴望，感受到了春天的生机。

　　为了让学生读懂安静，我充满激情地说："对于双目失明的人来说，春天只是一片漆黑。对于双目失明的安静来说，春天是一片漆黑吗？尽管眼前一片黑暗，但她的内心世界却是怎样的？"（多姿多彩）

　　而后，又启发学生设身处地地想一想："在她的灵魂深处，会萌发出怎样的想法？"学生的想法可谓是多姿多彩。正是因为学生读懂了这个"多姿多彩"，才会读懂安静那颗美丽的心——热爱生活，热爱生命。而学生从"感动"发现作者也读懂了安静的心。

　　在这一部分的教学中，教师创设问题情境，使得在读者、作者、主人公之间架起了一座桥，而且是一座心灵之桥，促使其三者互动对话、心心交流，以达到心心相印的境界。此时，学生读懂了文本，读懂了安静的心，读懂了作者的心。

　　当学生阅读安静"第二次全新的经历"的部分时，引导学生对词、句进行质疑。带有"弧线"和"曲线"的句子，让学生感到了畏难。为了帮助学生释疑，我抓住重点词语"弧线"与"曲线"去理解句子。一个"弧线"让学生联想到了彩虹。有句歌词是："不经历风雨，怎能见彩虹？"我再次设问："在女孩的心中出现了一道彩虹，那她一定经历了风雨，那是怎样的风雨呢？"学生沉思片刻，想到了女孩也曾经有过的痛苦与失望，也有过没能触摸到春天的经历，可她没有泄气，没有灰心，凭着对人生的执着，她的愿望实现了。而那个"曲线"与下文的"飞翔"紧密呼应。"曲线"是蝴蝶飞走时的轨迹。这时，学生又有了疑问："蝴蝶飞走了，安静并不能看见，可作者为什么说安静仰起头来张望？"在读书中，学生渐渐感受到表面上女孩在张望，可实质上女孩在用耳听，用心感受。这便是女孩的第二次全新经历。这一次让女孩读懂了她从来没有读懂的一个词——飞翔。

课堂上，教师总是要设问。教师的设问，一定要激发出学生的疑问；教师的设问，一定要促进学生深入地思考；教师的设问，一定要点亮学生思维的火花。

3. 感悟"生命"

作者细心观察生活，在观察中生出了对生命的感悟——谁都有生活的权利，谁都可以创造一个属于自己的缤纷世界。教学中，我抓住了这句话中的"谁"，训练学生的语言，让学生在一遍遍地朗读之中，加深对这句话的品悟。

学生感受到，这句话中的"谁"指"安静"，也指"残疾人"，还指"每一个人"。让学生将"谁"换成"安静""残疾人""每一个人"，再读这句话，在学生的内心中已悄然领悟到了作者内心中所要表达的。我告诉学生："这个'谁'中，包括你，也包括我。"当学生再次将"谁"换成"我"后，结束了这堂课。但在学生心中，一定留下了深深的思考："我将怎样生活？我将怎样创造一个属于自己的缤纷世界？"这个问题，不需要学生立刻回答，因为学生今后的路还很长很长，只要他们能够在走每一步之前，多多地思考，相信他们的世界也一定是五彩缤纷的。

三、走出文本，超越文本

叶圣陶先生早就说过："教材无非是个例子。"学完一篇课文，品味课文中的语言，这还没有结束，学语文的终极目标是要用语文。至此，这一课的作业我设计为："请你像作者那样，细心观察生活，留意生活中的一草一木，一鸟一虫……观察过后，你的心中有了怎样的思绪呢？请你以《生命》为题，可以写一段话，也可以写一篇习作。"

在这一课的教学中，我紧紧地将感悟语文与感悟生命结合在了一起。让学生在感悟语言、品味语言、运用语言的同时，情感上受到熏陶与感染，思考生命，思考人生，让学生带着思考不断地成长，不断地前进。

享受语文是高效课堂教学的终极追求
——执教《长城》有感

语文学科区别于其他学科,是因为学习语文既要学习言语内容,又要学习言语形式。言语内容中承载着道德、伦理,承载着真、善、美;言语形式的学习,会提高学生理解和运用语言文字的本领,培养听、说、读、写等语言能力。由此说来,享受语文,一方面享受语文的魅力,另一方面享受人文的空灵,让人文性与工具性有机地统一起来。

享受语文,是语文教育的最高境界。首先师生要热爱语文,其次要会学语文,最终才会享受语文。只有亲历阅读,师生才会热爱语文、会学语文、享受语文。

亲历阅读包含三个过程:走进文本,感知文本;游历文本,感悟文本;走出文本,超越文本。

一、走进文本,感知文本

亲近文本,最好的途径便是"读"。以读为本,是阅读教学的基本特征;以读代讲,是阅读教学最为朴素的、最为有效的做法。读,要给予时间,要给予指导,要形式多样。教师要引领学生在读中自主发现,从字、词、句、段、篇,以及标点中寻求发现。

阅读《长城》一课时,学生在反复读书后,心中便产生了一个又一个令人可喜的发现。

发现之一:题目是长城,第一自然段便告诉了我们长城有多长,而第二自然段告诉了我们长城是一座怎样的城。

发现之二：课文中有两处写出了长城的"长"，一处是第一自然段："远看长城，它像一条长龙，在崇山峻岭之间蜿蜒盘旋。从东头的山海关到西头的嘉峪关，有一万三千多里。"另一处是："多少劳动人民的血汗和智慧，才凝结成这前不见头、后不见尾的万里长城。"学生还从这两处中发现：有的是直接描写长城长，如"长龙""有一万三千多里""前不见头、后不见尾""万里"，有的是间接描写长城长，如"崇山峻岭""蜿蜒盘旋"。就此，也初步使学生感知了文末那一句"多少劳动人民的血汗和智慧，才凝结成这前不见头、后不见尾的万里长城"中的"血汗"与"智慧"的含义。

发现之三：学生从"远看长城，它像一条长龙，在崇山峻岭之间蜿蜒盘旋"这句话中发现了长城与长龙有着太多太多的相似之处：长度——长的；形态——宽的；数量——稀罕的；时间——古老的；内涵——充满文化的；气魄——雄伟的；精神——中华民族不屈不挠的象征。学生的发现远远不止这些。课堂上，教师引导学生在一遍遍地有效地朗读中，捕捉一词、一句、一段、一标点中隐藏着的不曾被人发现的含义，在经历发现这一过程，学生体验到自己的劳动和成就，不仅激发了学生对语文的热爱，也会激发起学生对脑力劳动的真正热爱。

二、游历文本，感悟文本

学生自主学习，有了发现后，引领学生游历文本、感悟文本，将对话文本引向深入。享受语文的魅力，享受语文的空灵。

享受语文的魅力，其一就是表现或反映客观事物的语言文字，这些充满灵动的语言文字承载着"道"，即思想；其二就是表现或反映客观事物的语言文字，显现出了"质"，即连接"文"与"道"的成文法则、表达规律。

享受人文的空灵，就是享受语言文字的灵动，以自己的个性去解读，读出自己的感悟，读出自己的理解。

在分享《长城》这篇课文时，在学生有了可贵的发现之后，再次引领学生自主探究。

探究之一：长城与长龙之间的不同之处。这不同之处有两点：其一，长城是静止的，长龙是动态的，一静一动，把长城写活了，也突出了长城充满灵性、活力、生机；其二，长城是现实生活中的事物，长龙是现实生活中不存在的事物，这一虚一实，突出了长城是世界上独一无二、无与伦比的事物。学生也感受到了，开篇的比喻句与结尾"这样气魄雄伟的工程，在世界历史上是一个伟大的奇迹"这句话中的"奇迹"是紧密呼应的，感受到了作者布局谋篇的严谨，相信学生也读懂了"奇迹"的含义——独一无二。这一词一句留给学生的不仅仅是知识，他们心底升腾起的是一种感受，是自豪，是崇敬。

探究之二：文中有这样一句话——打仗的时候，城台之间可以互相呼应。怎样理解这个"呼应"？很多学生都把"呼应"理解为"两座城台之间互相联系或照应"。引领学生搜集资料进一步探究，他们从网络上发现了这样一句话——烽火台的布局是十分紧要的，要把它布置在高山险处或是峰回路转的地方，而且必须是要三个台都能相互望见，以便能传递消息。资料的搜集，可谓是适时、适度。资料的搜集，为学生正确地解读文本起到了积极的推动作用。在与文本的对话过程中，要尊重学生阅读时生成的个性化的感悟与体验，但这是建立在正确地解读文本基础之上的。此时此刻，又加深了学生对后文"多少劳动人民的血汗和智慧，才凝结成这前不见头、后不见尾的万里长城"中的"智慧"一词的理解与感悟。此时此刻，课堂传递给学生的不仅仅是知识，还有方法，如搜集资料正确地解读文本。读书，就是要前后联系起来读，读出联系，读出话外之音，读出意境。更重要的是，还有美好的情感传递给了学生——崇敬、自豪……

探究之三："单看这数不清的条石，一块有两三千斤重，那时候没有火车、汽车，没有起重机，就靠着无数的肩膀无数的手，一步一步地抬上这陡峭的山岭。"课堂上,给学生充足的时间,让学生静思默想,一边默读,一边在令自己心灵受到震撼的字眼上做记号。潜移默化地教给学生一种方法——读书做记号,一边读书,一边留下自己思考的轨迹。几分钟后,许多学生都在"数不清""两三千斤""无数""肩膀""手""一步一步"等词语上做了记号。引导学生把这朴素的词语联系在一起——一块条石两三千斤重,劳动人民要自己把数不清的两三千斤重的条石,抬上这陡峭的山岭。学生从这朴素的句子中体会到了一种精神,体会到了劳动人民所具有的精神,体会到了长城所象征的精神,那是一种坚持的精神,不屈不挠的精神,不畏险阻的精神……学生再聚焦"肩膀"与"手"时,他们体会到了在数不清的两三千斤重的条石面前,肩膀和手是柔弱的,可就是凭着柔弱的肩膀和手把条石抬上了陡峭的山岭。肩膀和手已经不再柔弱,他们感受到了长城是一种力量的象征。当学生再次聚焦两个"无数"时,便感受到了长城是团结的象征。

教师和学生一同投入文本并与之交流、碰撞和对话的过程,不仅使学生掌握了探究的办法,学生也得到了人文熏陶,享受人文的关怀,获得了个性发展。

三、走出文本,超越文本

教师不仅要引导学生阅读文本,更要引领学生阅读自然、阅读社会、阅读生活,引导学生把书读"厚"。

在分享完《长城》这篇课文时,我建议学生通过各种途径全面地了解长城,了解她的过去、现在和未来。仅是外国元首游览长城后的题词,学生就找到了十余条。学生惊喜地发现:自1958年开放以来,迄今已接待游人1.2亿,同时作为国家重要的外事礼宾接待场所,截至2002年,已成功接待各国元首、政府首脑近400位,创了两项世界纪录。同样,他们也惊讶地发现:绵延12700里的长城仅剩1/3墙体、1/3遗址,还有1/3消失了。经历了这些,他们学会了审视,学会了鉴赏，学会了反思。鉴赏力、反思力、批判力正是我们要关注学生的内在发展。

最有效的语文课应该是开放性的，是有深度、广度及厚度的，传递给学生的是热爱语文的情感、是学习语文的方法，输送精神文化的养分，让学生在情感的交流、心灵的碰撞、思想的启迪中，真正享受语文！在享受语文中达到课堂教学的高效追求。

全国模范教师的小学语文教学智慧

略读课，由课内走向课外的桥梁
——执教《大自然的启示》有感

语文课程涉及识字、阅读、习作、口语交际与综合性学习，由此，语文课程有识字课、阅读课、习作课、口语交际课等不同形态。课程形态由课程内容而决定。这些课程形态依据其内容不同、目标不同、方法不同还可以进一步划分，如习作课可以分为指导课与讲评课，阅读课可以分为精读课与略读课。

叶圣陶先生早就指出："学生从精读方面得到种种经验，应用这些经验，自己去读长篇巨著以及其他的单篇短什，不再需要教师的详细指导，这就是'略读'。"叶老先生论述的"略读"是教学活动，是课程形态。

"略读"在功用上，叶圣陶先生曾这样说："学生在校的时候，为了需要与兴趣，须在课本或选文以外阅读旁的书籍文章；他日出校之后，为了需要与兴趣，一辈子须阅读各种书籍文章；这种阅读都是所谓应用。使学生在这方面打定根基，养成习惯，全在国文课的略读。如果只注意于精读，而忽略了略读，功夫便只做得一半。"

可见，略读课在精读课与学生自由阅读间架起了一座桥梁。精读是准备，略读是应用。略读是准备，独立地进行自由阅读是阅读教学的终极目标。至此，略读课，不宜师生频繁对话，要自读自悟；不宜指导过细，要放手实践；不宜面面俱到，要提纲挈领。

略读，也是一种阅读方法。《语文课程标准》中在三四年级学段

目标中指出：学习略读，粗知文章大意。这里的"略读"是阅读方法，略读，就是泛读，是一种不求深入精研，只求概览大意的读书法，其基本特点是"观其大略""不求甚解"。

以《大自然的启示》为例，谈谈略读课的教学策略。

一、自读提示，略读课的纲

翻开语文教材，略读课的课题前有一段流畅的文字，那就是"自读提示"。它既自然地把学生的学习由精读课文过渡到略读课文，又提示了略读课文的学习要求和方法，使精读课文和略读课文形成一个整体，更好地发挥训练阅读、迁移能力和陶冶情趣的功能。短短的"自读提示"也是教学资源的一部分。课堂上，教师要充分发挥"自读提示"的作用，利用"自读提示"组织学生半独立阅读。

上课伊始，先指名朗读"自读提示"。

科学家们探究蝙蝠飞行的秘密，从中得到启示，发明了雷达。可以说，蝙蝠是人类的"老师"。其实，自然界中可以充当人类"老师"的还有很多。默读下面这篇课文，说一说其中的每篇短文主要讲了什么，你从中受到哪些启发。画出自己感受深的语句，如果有兴趣，还可以把它们抄下来。

学生读后，用笔圈画出学习这篇课文时需要完成的三项学习任务。第一项，悟内容——说一说其中的每篇短文主要讲了什么；第二项，悟启示——你从中受到哪些启发；第三项，作业——抄写自己感受深的语句。

"自读提示"，提示给教师教什么，提示给学生学什么。"自读提示"，成为了学生学习这篇课文的自学提纲。纵观中段略读课文，其学习任务无非是三个：一是了解课文写了什么，二是说说有什么感受，三是谈谈哪些地方印象最深。只有把握了基本的学习任务，课堂才会走向有效，追求高效。

二、自读自悟，略读课的魂

略读课的最终目标是帮助学生走向完全独立的阅读状态，形成独立的阅读能力。因此，略读课堂教学设计力求简约，为学生自主地阅读开辟充足的时间与空间。略读课的教学活动多以学生独立阅读、感悟为主，所设计的活动内容必须是学生通过努力能够独立完成，引导学生多运用以往积累的学习经验。

1. 悟形式

《大自然的启示》这篇课文在谋篇方面很是特别，依据文本的结构特点，在学生已预习本课的基础上，谈谈这篇课文在形式上的特别之处。这是引领学生自主发现、独立感悟的过程。

学生不难发现，这篇课文由两篇相对独立的小短文组成，分别加了简洁、恰当的小标题，这两篇短文的主题都是围绕着"大自然的启示"的……学生分享自己见解的热情一下子点燃了起来。

2. 悟内容

学生默读《"打扫"森林》后，让学生想一想课文主要讲了什么？想好以后，鼓励学生可以和同桌说一说。给予学生充分练习的机会，既然让学生表达，就让学生充分地说。学生能够利用先前学习的概括文章主要内容的方法——要点概括法，即抓住事件中的起因、经过、结果。这就体现了略读课的根本任务：将精读课中获得的阅读知识、方法要求和初步得到训练的重点阅读能力进行迁移、应用，并进一步训练养成。

当学生概括得比较繁杂啰唆时，可鼓励学生在语言上再凝练一些，这便体现了教师的"导"，发挥了教师的主导，体现了教师的指导。这样的"导"，会促进学生概括能力的提升，所以这样的"导"，是必要的。

当学习《人类的老师》时，学生读完文章，初步概括主要内容，要大胆放手，鼓励学生自主思考，在实践中帮助学生概括出方法。当学生利用第三自然段中的句子"科学家从蜻蜓、鲸等动物身上得到启示，有所发明，有所创造"概括时，教师引导学生说说为什么这样概括，然后启发学生用书中的总结句概括主要内容，其方法可以概括为——学生定会脱口而出"摘句概括法"。这样的学习过程便是水到渠成。

如果学生分别概括出第一、第二自然段的意思，把它们连在了一起，这不就是段意归并法吗？不管用哪种方法概括，给予学生充分的自主，在学生发现、探究的过程中，教师及时点拨学生概括成法。

学生在悟内容的基础上，还在悟方法。它们二者也是融为一体，不可分开的。悟内容，是感性的思考；悟方法，是在悟内容基础之上，是理性的升华。鼓励学生总结出概括文章主要内容的方法，这样的"导"是给学生一把迁移的钥匙，能让学生举一反三、触类旁通，所以这样的"导"，也是必要的。

3. 悟启示

《"打扫"森林》带给我们的启示，隐藏在了课文中，学生不难找到——"原来，大自然中的一切事物都是互相联系的。这样，才能保持大自然的生态平衡"。这"一切事物"也不难理解，学生也能轻而易举地找出来。但是它们之间有着怎样的联系呢，便是教学的重点和难点。

略读课，应让学生有足够的独立读书、思考和练习的时间和空间。所有的教学活动，应力求是学生的独立学习活动，不宜进行过细的指导，不宜频繁进行师生交互性的活动。因此，突破这个难点，依然要让学生独立自主地突破，但要给学生以无声的指导，适时给予有声的点拨，那就是给学生提供了有效的帮手，实现课堂的高效益便成为可能。

在自学卡片上，给学生印有学习指导：

默读第五自然段，多读几遍，用生物链的形式画画说说森林里的树叶、腐殖质、矮树丛、野草、鸟、害虫之间的联系。(可以用箭头与间接的文字作说明)

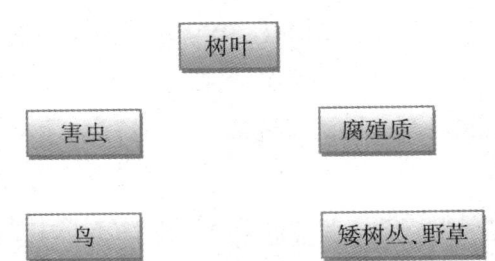

自学卡片，是教师对学生的无声指导。在巡视中，发现了两个问题，教师及时进行有声点拨：一是箭头的方向要一致，这样才能形成一个生物链；二是"腐殖质"和"矮树丛、野草"之间有什么关系，再默读第五自然段第二句话。

这也是教师对学生的有声指导，针对学生学习中的问题，及时指导，再一次给学生提供及时的"导"，有助于学生突破学习中的难点，这样的"导"，也是必要的。

当学生谈《人类的老师》一课的启示时，也很容易地感悟到——生物真是人类的好老师啊！那生物为什么是人类的好老师呢？

教师也给予学生无声的指导，鼓励学生凭借自学卡片，独立感悟文本。

默读课文第一、第二自然段，把句子补充完整。

＿＿＿＿＿＿是人类的老师，因为它教人们＿＿＿＿＿＿＿＿。

＿＿＿＿＿＿是人类的老师，因为它教人们＿＿＿＿＿＿＿＿。

学生再一次阅读文本，知其然，更知其所以然。

课堂教学实践证明，这节略读课上的两项自主学习内容是学生通过努力基本上都能够独立完成的，自学内容不多、不难，加之教师及时的"导"，有效地培养了学生的阅读能力，让课堂体现出了实效。

叶圣陶先生说过："略读如果只任学生自己去着手，而不给他们一点指导，很容易使学生在观念上发生误会，以为略读只是'粗略'的阅读，甚而至于是'忽略'的阅读，而在实际上，他们也就'粗略'甚而至于'忽略'的阅读，就此了事。这是非常要不得的。积久养成不良习惯，就终身不能从阅读方面得到多大的实益。"因此说，略读课，决不能忽视了教师的"导"，不能忽视了教师的主导地位，不能忽视了教师的指导。

三、自读延伸，略读课的根

叶圣陶先生曾经说过："就教学而言，精读是主体，略读只是补充；但是就效果而言，精读是准备，略读才是应用。"既然略读是为了推广应用，略读课文的教学，就应该以教材为拓展点，进行拓展阅读，增大教学的宽度。

《大自然的启示》一方面告诉我们不要违背自然规律，否则会受到大自然的惩罚；另一方面告诉我们要利用自然规律，有所发明，有所创造。其实，大自然给我们的启示远不止这些，它还给了我们人生的启迪。

课已至此，学生从大屏幕上看到了这样的文字——
成熟的麦穗低垂着头，那是在教我们＿＿＿＿＿＿＿＿！
一群蚂蚁能抬走大骨头，那是在教我们＿＿＿＿＿＿＿＿！
温柔的水珠能滴穿岩石，那是在教我们＿＿＿＿＿＿＿＿！
蜜蜂在花丛间忙碌，那是在教我们＿＿＿＿＿＿＿＿！
含羞草默默地收拢叶片，那是在告诉我们＿＿＿＿＿＿＿＿！

学生朗读着，思考着，分享着。他们懂得了大自然也在教他们要学会谦虚、团结、坚韧、勤劳。当学生在分享最后一句时，感到了畏难。教师并没有及时地告诉，而是顺势引导："面对含羞草收拢叶片的现象，我们还没有太深的感悟。阅读自然，感悟自然，伴随我们生命中的每一天。也许，当太阳再次升起的时候，我们又多了一份感悟。我们的生活，会因为我们的心中产生了疑问而充满期待。"

补充文本中的空白，让学生对"大自然的启示"这一主题有了更深的感悟。带着问题，学生走出了课堂，是要让思考伴随学生以后每一天的生活。同时，也在静悄悄地引领着学生观察自然界中其他动

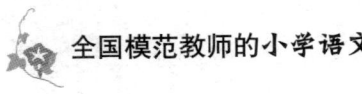

物、植物身上的秘密。

　　阅读，由课内向课外延伸，阅读的领域更加广阔，阅读的感悟更加深刻。

　　略读课是小学语文阅读教学的重要组成部分，略读课的教学，更应采取科学的教学策略，做到"简而不略，略中有精，略而学丰"，发挥它的独特功能，使它与精读课文相辅相成，使语文教学总目标得以深化，使学生的语文综合素养得以提高，让略读课彰显出生命的活力。

建构生活的、对话的、开放的习作课堂
——执教《走近硬币》有感

作文教学是以培养学生的综合作文能力为中心的语文教学活动。观察、思考、表现、评价四种能力综合发展，写作能力才会较快地提高。课堂上，我和学生一起观察硬币，感受硬币文化，完成习作片断，通过多元评价，引领学生在习作实践中享受习作，享受生活。

一、建构生活的课堂——培养学生观察能力

生活即课堂，生活即书籍，这是一本天然的百科全书，包罗万象，无奇不有。和学生一起去阅读生活，会激发学生在心灵深处迸发出一份份真挚的情感——对生活的无比热爱，对生活的美好憧憬，乐于记录下美好生活的愿望。

作为教师，要千方百计地点燃学生观察的激情。只有这样，学生才会投入地去观察，全身心地去体验。习作教学中，引领学生观察硬币（1元、5角、1角），没有直接去观察，而是从《西游记》中唐僧师徒斗法降三怪的故事中导入。唐僧师徒与三妖怪比试法力，其中一个内容就是隔板猜物。接着，我又告诉学生，今天，也玩一个"隔板猜物"的游戏，学生自然不能一次猜出小盒子里装的是什么，但我轻轻地摇晃之后，学生听到了声音，轻松、准确地猜出盒子里装的是硬币。倾听、猜想的过程，就是学生观察的过程。充分利用学生的好奇，不留痕迹地指导学生观察，将组织课堂融入轻松、愉悦的讲故事之中，激发的是学生浓厚的兴趣，点燃的是学生强烈的激情。

而后，教师让学生隔盒猜硬币的币值，学生自然不能一次猜对。我允许学生把小手伸进去，摸一摸。不用过多地强调要求："仔细摸，要投入地去观察。"这些话语不会激发学生主动学习的欲望。作为教师，要努力改变教学内容与教学形式，因为"对学生最好的刺激乃是对所学的材料的兴趣"。于是，学生摸出了大小、轻重、软硬、表面的凸纹。

学生听硬币，摸硬币，接下来，小组成员共同看硬币。学生走近了硬币，也走进了观察。他们在观察中感悟了观察，感受到了观察——不仅仅是看，更是要调动多种感官去体验、去发现。观察之法自然而然地融入到观察体验之中，渐渐地，就会内化为学生的行为方式。

课堂上，师生一同听硬币、摸硬币、看硬币，在学生的心中，也隐约地感受到——习作，是与生活紧密联系的，它源于生活，记录生活。一句话，作文即生活。引领学生走进生活，阅读天，阅读地，阅读万物。阅读，有时是需要经过短暂的观察之后，学生就获取了发现；而有时是需要经过长期的观察之后，学生才会获取发现。但不管怎样，只有当生活中的人、事、物、景在学生的心中留下深深的印痕的时候，学生的笔尖才会流淌出源源不断的词句来，透过文字，我们更能感受到文字间流露出的纯真的、美好的感情。观察可谓是习作的前提，观察得细致，学生笔下的文字自然会细腻，且富有感染力。

与学生一道观察硬币，教师悄无声息地向学生传递这样一种意识——选择材料时，选择那些"人人心中有，个个笔下无"的内容。小钢镚儿，虽不起眼，但它确实是生活中存在的。这也是在潜移默化地让学生关注生活中不曾被人注意的、但确确实实存在的事物，做到《语文课程标准》中提到的"留心周围事物"。

二、建构对话的课堂——培养学生思考、表现能力

思考能力与表现能力的培养贯穿于指导与评改过程的始末。在指

导课中，学生听老师摇晃盒子发出的声音，判断盒子里装的是什么；学生摸盒子里的物品，猜想盒子里装的是多大面值的硬币；小组同学一起观察硬币，和全班同学分享自己的观察所得。学生在细心观察的同时，也要伴随判断与推理。当学生看硬币后，鼓励学生与大家分享自己的观察所得，启发学生有序地观察、有序地表达。这样，学生有序地观察硬币，当观察硬币的一个面的时候，也做到了有序。观察有顺序，表达才会有顺序，习作的条理才会清楚。强调有序地观察，但学生观察的顺序不是唯一的，这就极大地提高了学生思考与表现的能力。追求多种表现形式，便成为了学生思考的动力。

在教学中，我也感受到：需要融入学生思考的学习活动，才会将学生深深地吸引住。思考过后，学生乐于发表自己对客观事物的认识。指导课上，教师巧妙地将观察、思考、表现融合在一起，这也是能激发起学生强烈的求知欲望的关键所在。

在指导课上，我还搜集了一段资料，供学生阅读：

我国发行的流通硬币，有鲜明的时代特点和浓郁的民族风格，不同的时期发行货币代表着不同的历史时期的文化。近年来所发行的硬币，采用花卉作为设计主题，既庄重大方，又轻松活泼，设计风格突破了呆板沉重格局，突出了民族风格，体现了民族文化和精神面貌的艺术品。

课堂上，实现了两个层面的对话，一是人与文本的对话，二是人与人的对话。学生阅读完这段资料，我引导学生去解读它："你知道硬币上的菊花、荷花、兰花、牡丹花都象征着什么吗？再读这段资料，你感受到了什么？"此时，民族文化与民族精神等词眼，在学生心中不再那样的陌生，不再有距离感。从理性到感性，再到理性的过程，是引导学生把对硬币的思考引向深入的过程。读完这段文字，积淀在每个人心中的内容是不一样的。当学生拿起笔来，一方面会记录下自己的所见所闻，另一方面会用文字把自己的所思所感表达出来，引导学生学会表达真发现和真感受，正是小学作文教学的主要任务。

这段资料的引入与解读之后，我相信一定会在学生的内心中升腾起对小小的硬币的无比崇敬之情。学生观察的是硬币，但感受到的却是硬币文化。"教语文，须站在文化的平台上。文化是语言文字的命脉。教语文，站在文化的平台上，语言文字的表现力、生命力才会闪耀光彩；语言文字才是生动的、鲜活的，给学生以强烈的感染，使学生受到人类优秀文化的哺育。"只有当学生的内心中涌动了一种强烈的情感时，才会产生表现的欲望。这表现，既是指对客观事物的表现，又是指对主观思想和情感的表达。

在对话中，学生学会了"构段"，将不同感官观察到的发现连在一起，突出其重点内容。学生学会了"谋篇"，领会了一篇完整的习作，不仅要写清楚自己的所见所闻，还要表达出内心的真实感受。学生的思考与表现能力在不知不觉中提高了。

三、建构开放的课堂——培养学生评价能力

开放的课堂，就是要追求多元评价。多元评价是建立在多角度、多层面的对话基础上的。习作教学中的对话，要体现在师本对话、师生对话、生本对话、生生对话上。评改课上，我先是请两位同学朗读自己的习作，一位同学的习作是不具体的，另一位同学的习作是需要修改字、词、句的。师生对话文字，指出其习作中的亮点与不足，这是在进行集体评改。对话的过程中，师生都要认真地对话文本，经历思考的过程，学生要表达出自己的想法。课堂上，师生相互启发，产生互动效应，或唤起认同，或触动联想，或产生争议，或激发疑惑……从而使对话的内容"增值"。在对话中，也展现了学生不同的表现能力，学生对文字的感悟能力会快速地提高，表现力也会逐渐增强，同时也提高了自己的评价能力。

接下来，给学生以充足的时间，鼓励学生互相批改习作。任务有两个：一是标出好词佳句，写出好在哪里？二是修改习作中不恰当的字、词、句。两项任务中，也包含着两种品质：学会赞美别人，是一

种美德；善意地给别人提出意见，更是一种美德。

而后，学生再次对话自己的习作，对话伙伴的批阅。在多层面的对话中，在学生的亲身实践中，他们会逐渐学会如何评改习作。从一次次的对话中，教师以智慧启迪了智慧，以精神感染了精神。学生学会了评价，学会了坚持，懂得了精益求精的含义。

开放的课堂，还表现在把学生由生活的课堂送回到生活的"百草园"中。两节习作课即将结束的时候，我启发学生："今天的习作，可以写你观察硬币后的发现与思考，当然，也可以写自己走进生活中观察的你喜欢的事物后的发现与思考。"还给学生出示了一幅幅照片——一个长出枝叶的木桩、生米粒和熟米粒、茶叶和茶水、秋叶飘落……教师要有意识地给学生以空间，写自己眼中的观察，写自己心中的思考，给学生以充分的自主，学生笔下所流淌的文字才会更加美丽与鲜活。

课堂，就是要建构一个生活的、对话的、开放的习作课堂。因为她是生活的，学生与她是熟悉的，愿意走近她；因为她是对话的，学生与她是平等的，愿意亲近她；因为她是开放的，学生与她是共生的，愿意享受她。

语文课，要"浸"满语文味
——执教《桂花雨》有感

细细阅读《桂花雨》这篇课文，你会发现，课文中出现了两个"浸"字。

其中一句是："桂花盛开的时候，不说香飘十里，至少前后十几家邻居，没有不浸在桂花香里的。"

另外一句是："全年，整个村子都浸在桂花的香气里。"

语文课上，围绕着"浸"字，展开了我们的对话。

师：同样的"浸"字，在不同的句子里，它所表达的情感一样吗？你读一读第一句带有"浸"的句子，体会怎样才为"浸"？

（学生自由朗读）

生：我可以举个例子说，在一个充满水的桶里，放一粒石子，它完全被水泡着。

生：我觉得"浸"就是事物从里到外完全被渗透着。

师："至少前后十几家邻居，没有不浸在桂花香里的。"一个"浸"字，让你感受到的是怎样的桂花香？

生：我觉得桂花香气扑鼻，简直是太香了。

生：我也觉得是，因为桂花香弥漫了十几户人家。

生：我感觉这桂花香气缭绕，久久都挥之不去。

生：我读出了桂花香的浓郁。

师："浸"散发出了桂花的香气，而且还让我们感受到了花香的浓郁。你再读带有"浸"字的第二句话,一个"全年",一个"整个",一个"浸"字,也是表达桂花香的浓郁吗?全年,整个村子都挥之不去吗?

生:不是。

师:为什么说全年,整个村子都浸在桂花的香气里?

生:我觉得是因为桂花可以做成食品,可以和更多的人分享,所以整个村子都浸在桂花香里。

生:我觉得要联系前文去理解,前面说"桂花可以加在茶叶里泡茶",每当泡茶的时候,都要加一点桂花。所以说,全年,都浸在桂花的香气里。

生:我体会到的是村子里的人们忘不了桂花的香气,体会到了人们的思念与回味。

生:这句话中的"浸"让我体会到了桂花的香气久久挥之不去,它已经埋藏在了人们的心中。

生:一个"浸"字,还让我体会到了人们生活的和谐与温馨。

师:这桂花的香不仅沁人心脾,而且飘进了人们的心里。读书,就是要一边读书,一边思考,读出文字背后的意蕴。

当我走出课堂时,我在想:一堂语文课,应该散发出一种"味"。这"味"便是"语文味",这"语文味"就是要聚焦一个又一个有味道的词语,联系前后词句,读出自己的理解;这"语文味"就是要由表及里,把书读厚,把词句读丰满,读出文字背后的意蕴,读出词句背后的情感。这"味"源自细细地思考与品味,品出了不同,品出了其深层含义。

语文课,要"浸"满语文味!

全国模范教师的小学语文教学智慧

笑读《草船借箭》，带来思考的享受
——执教《草船借箭》有感

在浩如烟海的文学、历史名著中，有许多栩栩如生的人物和引人入胜的故事，元末明初的罗贯中所写的《三国演义》就是其中的一部。和学生一起阅读这篇课文后，感触颇深，愿记录一下，留下自己的思考。

一、走近名著趣味浓

我曾记得在课堂上，我们一起聆听了《三国演义》的片头曲——《滚滚长江东逝水》。有的学生阅读过《三国演义》这部名著，知道这首歌词就印在这部名著的卷首。我还给他们补充了一段资料——这首词出自《二十一史弹词》（原名《历代史略十段锦词话》），作者是明代文学家杨慎。

然后，我们一起诵读：

临江仙
明代文学家杨慎

滚滚长江东逝水，浪花淘尽英雄。是非成败转头空。青山依旧在，几度夕阳红。

白发渔樵江渚上，惯看秋月春风。一壶浊酒喜相逢。古今多少事，都付笑谈中。

当我给还没阅读这部名著的同学推荐它时，我问道："已经阅读了这部名著的同学,能说说我为什么给没读它的同学推荐《三国演义》吗?"我们一起道出了三条理由:"第一,走近这部名著,你会阅读到鲜明的人物形象;第二,你会阅读到引人入胜的故事;第三,你还会阅读到智慧。"

我又微笑着对学生说:"《三国演义》一共一百二十回。今天,就来阅读其中的一个故事,是根据第四十六回内容改编的,记住故事的名字——草船借箭。"

就这样,我们走近了《三国演义》;就这样,我们走近了《草船借箭》。

二、阅读"箭"字理脉络

当我在黑板上写题目的时候,不忘提醒学生:"认真地看我书写题目。"当板书"箭"字时,我一边板书一边说道:"箭,上面是一个竹子头。箭,是用竹子制成的,一端装有尖头,末梢附有翎毛。"

随即又是一问:"水上交战,用什么兵器最好?"学生通过预习,纷纷答道:"用弓箭最好。"这一问,既检查了学生预习的情况,也让学生对"箭"有了进一步的了解,既了解其外形,同时又了解其作用。课文以"箭"为线索,展开了一个扣人心弦的历史故事。

接下来,请学生打开语文书,自己轻声朗读课文。第一,要读准字音,把课文读正确;第二,画出课文中由"箭"组成的词语。学生认真地读着,仔细地画着。而后,请学生分自然段朗读课文,仍然可以圈画自己漏掉的由"箭"组成的词语。

当分享由"箭"组成的词语时,学生可谓是争先恐后,他们找到了这些词语:弓箭、缺箭、造箭、搬箭、取箭、放箭、受箭、借箭。从众多带有"箭"的词语挑选出三个——造箭、借箭、搬箭,请学生讲一讲:"谁让谁造箭?为什么要造箭?谁向谁借箭?谁来搬箭?除此之外,想想课文中还写了什么内容?"学生略作思考,很快发现课文中还写了诸葛亮找鲁肃帮忙。我顺势引导:"诸葛亮和鲁肃谋划怎样造箭？用一个词语概括呢？"学生回答道："谋箭。"学生愿意自主读书，在读书中自主发现，在发现中逐步地了解课文内容。鼓励学生自主读书，学生才兴趣盎然。

这时，在黑板上，出现了这样的一幅课文内容结构图：

        借箭

          搬箭

  造箭   谋箭

学生一边看图，一边把它们连在一起，说一说课文讲了一件什么事情。

课堂上，围绕着题目中的一个"箭"字，了解其写法，了解其外形，了解其作用，并触摸由"箭"字组成的词语，初步感受文章的脉络，了解故事的梗概。

三、对话矛盾巧读书

学生在初读后，自然会认为："由于军中缺箭，周瑜才让诸葛亮十天内造十万支箭。"但也有同学认为："周瑜妒忌诸葛亮的才能，才会出此计策。"难道军中不缺箭吗？这是课文中的一个悬念。只有学生在充分地、深入地读书后，自然会领悟到其中的根本原因。利用好这一悬念，引领学生分角色读书，进行角色体验，学生兴致极高。

师：到底是因为军中缺箭，还是因为周瑜妒忌诸葛亮的才干呢？你轻声朗读第二自然段，你要有自己的思考。注意人物说话的语气。

（学生自由地练习朗读。）

师：谁来读一读？请一位周瑜，再请一位诸葛亮。

课件出示：

> 有一天，周瑜请诸葛亮商议军事，说："我们就要跟曹军交战。水上交战，用什么兵器最好？"
> 诸葛亮说："用弓箭最好。"

（两位同学分角色朗读，读起来平淡。）

师：我想问问周瑜，你知道不知道水上交战，用什么兵器最好？

生：用弓箭最好。

师：既然知道，那就是明知——

生：故问。

师：别忘了，你还很妒忌诸葛亮的才干。把这种感觉读出来。

（学生再读）

师：这次读出了味道，明知故问的味道。

课件出示：

> 周瑜说："对，先生跟我想的一样。现在军中缺箭，想请先生负责赶造十万支。这是公事，希望先生不要推却。"
> 诸葛亮说："都督委托，当然照办。不知道这十万支箭什么时候用？"

师：再请一位女周瑜和女诸葛亮。

（两位同学分角色朗读，诸葛亮读的不太肯定）

师：诸葛亮，你知道什么叫"赶造"吗？

生：在很短的时间里要造出来。

师：你能在短期内造出十万支箭吗？

生：能。

师：要读得有点底气。

（学生再读，诸葛亮读得肯定，有底气）

课件出示：

> 周瑜问:"十天造得好吗?"
> 诸葛亮说:"既然就要交战,十天造好,必然误了大事。"
> 周瑜问:"先生预计几天可以造好?"

师:只要几天?

生:只要三天。

师:周瑜让你十天造十万支箭,你只要三天,有把握吗?

生:有把握。

师:果真有才能,难怪周瑜会妒忌你。再读,读出你的自信来。

(学生再读)

师:好一个年纪轻轻、城府很深的诸葛亮。

课件出示:

> 周瑜说:"军情紧急,可不能开玩笑。"
> 诸葛亮说:"怎么敢跟都督开玩笑?我愿意立下军令状,三天造不好,甘受惩罚。"

(学生分角色朗读)

师:我想请教诸葛亮一个问题,什么叫军令状?

生:不知道。

师:啊?不知道,你就敢立下军令状,小心把自己的身家性命搭上啊!有没有同学知道"军令状"是什么意思?

生:接受了军令以后,要立下一个状纸……

师:怎么,诸葛亮还要打官司?

生:不是,是立下一个文书。写清楚如果不能完成,就会受到惩罚。

师:诸葛亮,三天造十万支箭,你有几分把握?

生:我有十分把握。

师：那好，你来读。请一位周瑜和他一起读。

（学生分角色朗读）

师：谁有十二分把握？

生：我有。

（学生分角色朗读）

师：好一个步步紧逼的周瑜！好一个成竹在胸的诸葛亮！

语文教学中最简单、最朴素的教学方法，那就是朗读。课堂上，我引领学生在朗读中理解词句，在朗读中感知人物形象，让人物的形象在学生心中立起来。然后，再通过朗读，把自己的感悟表达出来。经历了这样的学习过程，学生才会渐渐地走近文本中鲜活的人物，才会触摸到人物丰富的内心世界，而文字也会在学生的心田留下印痕。这必将有助于学生深入地对话文本。

四、周瑜高兴是为何

"周瑜很高兴，叫诸葛亮当面立下军令状……"周瑜为何高兴？引领学生联系上下文，读懂周瑜的内心，读懂周瑜让诸葛亮十日内造十万支箭的险恶用心。

师：周瑜啊，看着诸葛亮当面立下军令状，高兴不高兴？

生：高兴。

师：有没有同学知道，周瑜为什么高兴？

生：周瑜高兴，是因为诸葛亮立下了军令状。

生：还因为诸葛亮说"都督委托，当面照办"。因为诸葛亮全部答应了，而这件事又不是很容易就能完成的，所以周瑜高兴。

生：周瑜说，能不能十天完成，诸葛亮说，只要三天，所以周瑜很高兴。

师：不仅笑诸葛亮全答应，也笑他缩工期，更笑他立字据，还笑他什么？

生：周瑜很高兴，还因为周瑜想叫军匠们故意迟延，造箭用的材料也不给他准备齐全。到时候造不成，定他的罪，他就没话可说了。

师：笑诸葛亮必受罚。你再读一读周瑜说的话，让我们再细细体会一番。

生：周瑜说："是他自己说的，我可没逼他……"

师：停，停，他说他没逼？他到底逼没逼？

生：他逼诸葛亮了。

师：从哪看出来的？

生：他说，这是公事，希望先生不要推却。

师：好，请周瑜接着读。

生：我得吩咐军匠们，叫他们故意迟延，造箭用的材料，不给他准备齐全。到时候造不成，定他的罪，他就没话可说了。

师：哈哈，知道周瑜的真实目的了吗？

生：他想治诸葛亮的罪。

师：借公事，置诸葛亮于死地。这是一条怎样的计策？

生：这是一条很阴险的计策。

生：我觉得，这是一条很毒辣的计策。

师：可见周瑜的心有多么阴险。所有的这一切，都缘自——

生：周瑜对诸葛亮的妒忌。

由此，学生读懂了课文中的矛盾处，读懂了课文中的悬念。人物的形象也更加清晰，更加饱满，更加鲜明，一点一点地印刻在了学生的心里。

学生自主读书，自主感悟，感受人物的情感，揣摩人物的心理，甚至达到与人物融为一体的境界，这是语文课堂教学所追求的效果。

五、前后联系比较读

读书，还要联系前后文比较朗读。比较，是把各种事物和现象加以对比，并确定它们的异同的思维过程，它是人们认识事物的重要方法。加强比较性朗读训练，有助于在一定的背景中培养语感，积累语言。

师：此时，你是不是为诸葛亮捏了一把汗？联系后文，说一说，最后诸葛亮如数交箭了吗？

生：嗯，如数交箭了。

师：哪些语句看出他如数交箭了？

生：每条船上大约有五六千支箭，二十条船总共有十万多支。

生：二十条船靠岸的时候，周瑜派来的五百个军士正好来到江边搬箭。

生：周瑜长叹一声，说："诸葛亮神机妙算，我真比不上他！"

师：再读一读课文开始的句子，比较一下，你能体会出周瑜的心情吗？

课件出示：

> 周瑜看到诸葛亮挺有才干，心里很妒忌。
> 周瑜长叹一声，说："诸葛亮神机妙算，我真比不上他！"

（学生朗读开头、结尾的这两句话。）

生：我觉得周瑜起初很妒忌诸葛亮，最后，他佩服诸葛亮了。

生：一开始，周瑜很不服气，而后来，就很佩服他了。

师：周瑜最佩服诸葛亮什么？

生：佩服他的神机妙算。

师："算"是什么意思？什么叫"神机妙算"？

生："算"就是"谋算"，"神机妙算"就是"神奇的机智，巧妙的谋算"。

师：你来读一读，要佩服得五体投地。

（学生朗读第二句）

师：口服心服，谁再来读一读？

（学生又朗读第二句）

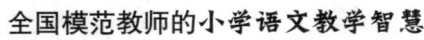

师：发自内心地佩服。

师：诸葛亮妙算妙在哪？默读第三~九自然段，读一读，画一画相关的语句。

（学生静心读书）

学生再一次带着悬念去静心读书，学生投入全部的精力阅读文本，细心探究，这是因为教师激发起了学生的探究欲望。而学生的探究欲望则来源于文本中的悬念所在。教师一次次地阅读文本，挖掘文本中的悬念，就是彰显文本本身的最大魅力。

六、孔明妙算妙在何

学生专注地阅读着，一词一句，都在细细品味。他们一边圈画句子，一边在旁边做了简单的批注。课堂上，教师要给足学生自主读书、独立思考的时间与空间，敢于让课堂静下来，因为精彩总在静寂后。

1. 算天

学生纷纷圈画了这一句"这时候大雾漫天，江上连面对面都看不清"，是啊，借箭的成功离不开天气，一个"大"似乎觉得程度还不够深，又一个"漫"字，可见这场雾有多大啊！而诸葛亮和曹操的语言中，也流露出了当时的雾很大，如诸葛亮说"雾这样大"，曹操下令说"江上雾很大"。学生还联系后文"天渐渐亮了，雾还没有散"，加深了学生的体会。天亮了，雾仍旧没有散，可见这是一场多么大的雾。正是因为这场大雾，为成功借箭提供了保证。

2. 算地

"曹操知道上了当，可是这边的船顺风顺水，已经驶出二十多里，要追也来不及了。""顺风""顺水"，可见诸葛亮上知天文，下知地理。箭"借"好后，返回时地理环境如何，诸葛亮也算到了，而且在立军令状之时已算好。

3. 算人

学生分享时，有的同学发现："诸葛亮请鲁肃帮忙，却不忘叮嘱

'不过不能让都督知道，他要是知道了，我的计划就完了'，而且鲁肃'果然不提借船的事，只说诸葛亮不用竹子、翎毛、胶漆这些材料'。"学生无不感到："诸葛亮对鲁肃的为人很是了解——忠厚老实；诸葛亮对周瑜的为人也很了解——智谋过人、妒贤嫉能，所以才不让其告诉周瑜。"

"诸葛亮说：'请你一起去取箭。'"这一句话中，诸葛亮对鲁肃说是"取箭"，为何不说"借箭"呢？一是设下悬念，不仅鲁肃好奇，恐怕读者也想不出到底去哪里取箭，更想不出谁有这么神速，三天竟然造好十万支箭。二是假若对鲁肃说"借箭"，就会使诸葛亮的才干大打折扣。三是一旦鲁肃得知去曹操那里"借箭"，他定会惊慌失措。后文"吃惊"一词正表现出了他的心理。

诸葛亮对曹操也很了解，知道曹操生性多疑，看不清虚实不会轻易出兵，所以诸葛亮大张旗鼓，雾夜佯攻曹营。

4. 算受箭的方法

"诸葛亮吩咐把二十条船用绳索连接起来，朝北岸开去。"之所以把船用绳子连接起来，是因为这样就可以使受箭面大一些，还可以防止船在雾天散开。

"二十条船，每条船上要三十名军士。船用青布幔子遮起来，还要一千多个草把子，排在船的两边。""三十名军士"擂鼓呐喊，虚张声势。在这样的情况，曹操才会叫弓弩手射箭，"青布幔子遮起来"，使曹军在雾天更是看不清虚实，"一千多个草把子"，为的是受更多的箭。诸葛亮为了能受更多的箭，所以"下令把船掉过来""仍旧擂鼓呐喊""逼近曹军水寨"。难怪诸葛亮说"自有妙用"。

一次次地翻开语文书阅读《草船借箭》，每一次都有收获、有发现、有思考，心中无不充满了喜悦。为获得了发现而喜悦，为真切地感受到了诸葛亮的神机妙算而喜悦。

笑读《草船借箭》，给我带来了思考的享受！

走进故居，走近老舍
——推荐阅读《老舍的平民生活》有感

翻开小学语文课本，一个又一个的"快乐读书吧"映入眼帘。指导学生阅读整本书的学习活动要走进语文课堂，以此开阔学生的阅读视野，激发学生阅读的兴致，丰富学生的精神世界。阅读，还有助于学生形成良好的品格和健全的人格。

老舍先生的作品在小学语文课本中占据了很重要的位置，如《猫》《母鸡》《养花》《趵突泉》《林海》《草原》《北京的春节》等。作为一名语文教师，要善于将语文课堂引向课外，由课内阅读向课外阅读进行延伸。

利用阅读课的时间，我向学生推荐了舒乙先生的《老舍的平民生活》这本书。鼓励学生以参观老舍先生的故居为线索，了解作家的生活，阅读作家创作的作品，感受作家与这座城市的情缘……从而培育学生对阅读的热爱，阅读故居这本"大书"，并完成推荐图书《老舍的平民生活》的阅读。

一、从教学目的出发，确定以下三个教学目标

1. 介绍作家老舍在北京、山东的故居，走进作家故居，感受作家的平民生活，感受作家的创作生活。

2. 阅读作家创作的作品，感悟作家创作的灵感来源于生活，感受作家对生活的无限热爱。

3. 在阅读实践中习得阅读方法，激发学生走进作家故居、主动阅

读推荐图书《老舍的平民生活》的强烈愿望。

二、根据教学目标设计教学环节

1. 走近作家老舍

课堂伊始，我们一起回顾了以前学习过的他写的文章，学生畅谈了作家老舍先生出版的文学著作。老舍先生是北京人，但在很多城市租住过，他的生活与创作和这些城市结下了不解之缘，当地为他建立了故居纪念馆。一座故居，就是一本书，一本关于作家自传史的书。走进作家老舍的故居，绝对可以让自己更加深入地了解这位作家以及他的作品。这节课，我们以游览作家故居为线索，走进老舍的生活与创作。

我启发学生："当我们走进一座博物馆、一处作家故居时，是不是可以在入口处获得一份免费的导游手册？今天的参观也不例外。每人将得到一份我自己制作的作家故居导游手册。"

阅读导游手册，这是旅游中最特别，也是最有意义的事情。学生兴致盎然地打开，迅速地浏览——全国有几处老舍故居？分别在哪里？"济南、青岛、北京"映入了学生的眼帘。

2. 走进作家济南故居

一张张老舍济南故居的照片出现在学生的眼前，就这样，我们一起走进老舍济南故居。1930年7月，老舍受齐鲁大学之邀来到济南，开始了他与济南四载有余的不解之缘。1931年夏至1934年秋，老舍与夫人在南新街54号院（现为58号）租住。在这座小院里，白天抬

头可以望见千佛山，夜晚可以听到趵突泉传来的涛声。在这里，他们度过了一生中最为美好的时光。

济南的生活在老舍的心中留下了深刻的记忆。在《吊济南》一文中，他写下了这样一段话："趵突泉，大明湖，千佛山等名胜，闭了眼也曾想出来……每一角落，似乎都存着一些生命的痕迹；每一小小的变迁，都引起一些感触；就是一风一雨也仿佛含着无限的情意似的。"

在济南的日子，老舍先生陶醉于秀美安适的泉城山水，也倾情于博大精深的齐鲁文化，在他的笔下，用充满诗意的笔调来写济南独一无二的山水景致。学生一遍一遍地朗读着作家笔下的文字，从那一词一句中真切地感受到了生命的活力。

吃到肚子里的也许比一过眼的美景更容易记住，那么大明湖的蒲菜，茭白，白花藕，还真许是它驰名天下的重要原因呢。不论怎么说吧，这些东西既都是水产，多少总带着些南国风味；在夏天，青菜挑子上带着一束束的大白莲花菁葵出卖，在北方大概只有济南能这么"阔气"。

——《大明湖之春》

设若没有这泉，济南定会丢失了一半的美……泉太好了。泉池差不多见方，三个泉口偏西，北边便是条小溪流向西门去。看那三个大泉，一年四季，昼夜不停，老那么翻滚。你立定呆呆的看三分钟，你便觉出自然的伟大，使你不敢再正眼去看。永远那么纯洁，永远那么活泼，永远那么鲜明，冒，冒，冒，永不疲乏，永不退缩，只是自然有这样的力量！

——《趵突泉的欣赏》

随着优美的乐曲，学生在朗读中，无不感受到了老舍对济南的热爱与怀念。济南成就了老舍，老舍也成就了济南。济南四载，老舍发表各类文学作品达到了一百五十余篇，仅描绘泉城山水之美的散文就有十余篇之多。这就是老舍与济南的历史渊源，也成为了这座历史名城的精神坐标。

3. 走进作家青岛故居

从济南到青岛的路程意味着风景的转换，也意味着心境的完善。1934年秋，他受聘于山东大学，举家来到青岛，开始了在青岛的三年生活。他们一家在青岛先后住过五六个地方。1935年冬移居黄县路12号，这栋楼的楼下为老舍全家居所。现在，这里已经开辟为"老舍故居纪念馆"暨"骆驼祥子博物馆"，是中国第一个以作品名称命名的纪念馆，这是老舍先生的儿子舒乙的创意。

在这里，他也写下了许多小说、散文和杂文，其中有著名的长篇小说《骆驼祥子》。

《骆驼祥子》究竟是怎样诞生的？我请学生读读导游手册上的《我怎样写〈骆驼祥子〉》一文。学生了解到了文学名著《骆驼祥子》的诞生经历了四个阶段——第一，缘起：客厅里的一次闲聊；第二，了解骆驼；第三，素材与资源的挖掘；第四，在沉思中写作。

通过阅读《我怎样写〈骆驼祥子〉》，学生获得了启示——阅读作家的创作笔谈，可以从中了解到作家的创作灵感、创作思路、创作心境等等，还可以激发出自己阅读这本书的兴趣。

有意思的是，我给学生展示了我在青岛骆驼祥子博物馆里购买的《骆驼祥子》一书，扉页上还盖有一枚纪念印章。打开这本书，更是与众不同。

凝望着作家的手稿，学生体悟到这种阅读方法，有助于自己走进作家的内心世界，与作者进行心与心的对话……阅读作家手稿，既在品读文学作品，又在欣赏书法艺术。

老舍先生就是这样的一个人——善于捕捉生活，更善于挖掘生活。于是，生活中的人与事走进了他的创作视野，《骆驼祥子》就这样诞生了。它是中国现代文学作品中各种语言版本最多的一部。它从青岛走向了全国，走向了世界，光耀文学史。老舍为青岛留下的文化遗产弥足珍贵。

4. 走进作家北京故居

离开了青岛，老舍重新回到济南，后又抵达武汉、重庆，1946年春，老舍开始了周游海外的历程。1949年秋，老舍回到了阔别已久的故乡北京，直至1966年夏。老舍北京故居，位于北京市东城区灯市口西街丰富胡同19号。老舍先生在这里住的时间最长，长达16年，人生成就最辉煌。话剧《龙须沟》《茶馆》以及未完成的自传体小说《正红旗下》等26部著作都是在这里完成的。

我鼓励学生用自己喜欢的方式读一读导游手册上的文章，哪些内容打动了自己，可以在旁边做一做批注。

老舍的平民生活

这座小院，是当时老舍先生用一百匹白布换得的。他买得了小院后，头一件事是托人到西山移植了两棵柿子树，秋天满树硕果，非常壮观。因这柿树，后来夫人为小院取名"丹柿小院"，称自己的画室为"双柿斋"。

院子里的柿树是不会寂寞的，因为还有棵枣树，也是老舍亲自栽下的，夏天时结满枣子，之后落得遍地都是，那枣儿分外香甜。自从有了这院子，他还养起了菊花，一百多种，三百多棵。每到秋天，竟可以举办小菊展。

老舍先生不仅喜欢栽树种花，他还爱画，爱看画，爱买画，爱收藏画，爱挂画，爱和画家交往，爱讲看画的心得，总之，是个"画儿迷"。

老舍更是喜欢带"小"字的，小猫小狗小鸡小鸭，小动物，小花，小草，小孩，小人物，全喜欢。他养的第一只猫叫"球"，后来家里又买了一只很丑很小的乡下小猫咪咪。新中国成立后，他养过好几只猫，最喜欢一只大白猫，常常抱着它。后来大白猫走进了他的童话剧《宝船》。

走进老舍的卧室，古旧的书桌和摆放整齐的书柜，那桌子上放着老舍先生曾用过的一些东西，有收音机、油灯、笔墨等，瓶中有一二朵小花。卧室的床上，还摆放着老舍先生最心爱的三样东西：扑克、骨牌和拨浪鼓。

玩骨牌永远是在写作的间隙。写几十个字，放下笔，走到床边，玩着骨牌，思想却在写作上。他作品中的众多人物是在骨牌哗啦哗啦的伴奏下诞生的。浇花、拿虫、挂画、擦桌椅，也都属于这类忙在手里想在脑里的小活动，它们是创作过程中必须不可少的环节。

这便是一个作家的日程，几十年如此。

一段段文字，传递给学生的便是——作家的生命便是写，写出经典作品才是他真正的价值；一位作家，生活阅历越丰富，生活体验越饱满，作品就越具有生命力。

5. 推荐《老舍的平民生活》

老舍先生在生活中游历，在生活中体验，在生活中创作。这堂课临结束的时候，我给学生郑重推荐："当有一天，你真正要踏上前往作家故居的旅程，别忘了带上一本书，它就是舒乙先生创作的《老舍的平民生活》。"

轻轻地翻开这本书，我们一起朗读了这本书的序言——《永远的老舍》。

永远的老舍(代序)

写作习惯——安静、热茶、桌上一枝小花,上午"神圣"不可侵犯,按时吃饭、天天动笔、没有假日、当众朗诵、反复修改,一经发表不再改动,少不了再写一篇《我怎么写》剖析自己。

喜欢用的自我称呼——写家(不说作家)、文牛、痴人。

自认最大的长处——勤快和认真。

最大的本事——用最少的字、最通俗最生动的话描写复杂的心态、事物、风景。

最经常的休息方式——养花、看画、玩骨牌、逗猫、念英文、写字。

最喜欢的娱乐——听戏。

最怕的事——没有朋友。

最喜欢干的事——打扫房间,请人下小馆。

最擅长的事——说笑话,自己绝对不乐。

最崇敬的品格——谦虚,关心他人。

学生惊喜地从屏幕上看到了一张家庭研学旅行计划。

参观地	地点	最佳研学时间	理由
老舍北京故居	北京市灯市口西街丰富胡同19号	初春	北京虽是城市,可是它也跟着农村社会一齐过年,而且过得分外热闹。 ——老舍《北京的春节》
老舍青岛故居	青岛市黄县路12号	初夏	五月的岛上,到处花香,一清早便听见卖花声。 ——老舍《五月的青岛》
老舍济南故居	济南市南新街58号院	秋冬	上帝把夏天的艺术赐给瑞士,把春天的赐给西湖,秋和冬的全赐给了济南。 ——老舍《一些印象》

我还建议他们旅行回来，再制作一本游学手册，记录下生活中的所见所闻、所思所感，像作家一样将写作与生活紧密地契合在一起，让写作成为一种生活的方式，让自己每一天的生活都充满意义。

　　一堂课，我们走近了一位作家，走进了一位作家的生活，更走进了一位作家的作品。我相信，作家的作品和他的人格魅力一定会深深地印刻在学生的内心。人民艺术家老舍先生，一定会成为他们生命中永远追寻的榜样。

第四辑

记事，积聚教学之智

教师，每一天都要经历教学实践。在实践中，教师会经历许许多多有意思的事情。记录下教学中的点点滴滴，对于教师的成长来说，具有重要的意义。教师在教学实践中遇到的新问题、新事件……都可以一一地记录下来，从中获取新见解，拓宽新思路，促进教师的专业化成长。

生活是一本教科书
——有感于陶行知的生活教育理论

捧起《陶行知论生活教育》，我真正走近了这位近代杰出的教育家，真正走近了这位教育家的教育思想。他提出了"生活即教育""社会即学校""教学做合一"三大主张。"生活即教育"便是陶行知生活教育理论的核心。

在陶行知看来，教育和生活是同一过程，教育含于生活之中，教育必须和生活结合起来才能发生作用，他主张把教育与生活完全熔于一炉。

陶行知的教育思想充盈着我的心灵。我掩卷沉思，静静地体会，默默地思索。向窗外望去，美丽的校园里一片生机勃勃的景象。

我走出办公室，在美丽的校园中漫步。一株株西府海棠花前几天刚钻出了嫩芽，这些天来，就绽放出了点点小花。尽管花朵小而碎，但在一片片鲜嫩绿叶的映衬下，显得格外漂亮。

校园里的白玉兰也盛开了美丽的花朵，朵朵的花是那样硕大，是那样冰清玉洁。有意思的是，白玉兰与西府海棠不同，此刻不曾长出一片嫩叶。更有意思的是，从寒冬腊月，整棵白玉兰已长出了花骨朵，尽管小，但数量可不少。仔细看去，花骨朵被毛茸茸的外皮紧紧包裹着，如同穿上一件毛皮衣裳，难怪不觉寒冷。今春时节，我注意到了，花骨朵明显长大了，更加饱满了，足足生长了三个多月。难怪白玉兰绽放出的花朵那么硕大、那么繁多、那么清香。我默默地对自己说：一个长长的严冬，你不停地汲取着丰富的养料，不停地积蓄着无限的力量，只为这一刻绽放出自己全部的美丽。

在操场上，看见了我的同事，我与她分享了我的发现，她不假思索地说："这就叫厚积薄发。"

中午吃过午饭，我带着学生来到校园，去观察西府海棠，去观察白玉兰。"有谁知道白玉兰从什么时候开始长花骨朵了？""又有谁知道这几个月里，白玉兰为什么没有绽放？""这几个月里，它究竟在做些什么？"……

学生细心地观察，用心地思考，从白玉兰盛开的花朵，阅读到了一个朴素而深刻的道理，他们会心地笑了。

和学生一起走进生活，细细地阅读生活这本厚重的教科书，从中获得了人生的启示。对学生而言，这一定是一个刻骨铭心的经历，在生活中观察、感悟、对话、深思，深刻的启示会走进学生的生命，伴随他们的一生。

热爱，永恒
——记一堂读《俗世奇人》的阅读课

在上阅读课之前，两位同学悄悄走了过来，笑着说："王老师，下节阅读课，您给我们读读《俗世奇人》吧！"我笑了笑，随后告诉她们："去办公室，从我的书包里把这本书拿来。"她们感觉下节课能"听书"了，自然脚底下很麻利，不大工夫，把书拿来了，放在了讲桌上。

《俗世奇人》是天津作家冯骥才的作品，写的也自然是天津卫的有能耐的人，有绝活的人。小学语文课本中选入了《俗世奇人》中的《刷子李》。学习之后，我给他们读了《俗世奇人》中的其他文章，像《酒婆》《苏七块》……看来他们已经喜欢上这本书了，要不怎么还嚷嚷着要听呢？

学生有了兴致，不正是阅读的最佳时机吗？

上课铃响了，我拿起这本书，学生立时精神了起来，见教室无声之时，我开始朗读。最让他们感兴趣的，还是《张大力》《大回》《泥人张》《认牙》……一个故事接着一个故事地读着，学生支着耳朵、不错眼珠地听着，入神与专注写到了他们的脸上。讲到这时，学生不禁哈哈大笑：

大回姓回，人高马大，手大脚大嘴大耳朵大，人叫他大回。

治牙的华大夫，医术可谓顶天了。您朝他一张嘴，不用说哪个牙疼、哪个牙酸、哪个牙活动，他往里瞅一眼全知道。

手艺道上的人，捏泥人的"泥人张"排第一。而且，有第一，没第二，第三差着十万八千里。

……

每听完一个故事，学生不禁要拍手叫好！这也难怪，多么生动的故事！多么生趣的语言！真叫绝了！故事中的人物的本领绝了，作家运用天津卫的方言绝了！生活在天津的人们，听着这浓浓的富有天津味的语言，能不乐吗？这自然引起了学生的共鸣。只有专注地听，才会在绝妙处拍手称赞！这真真切切的快乐中，体味到的是语言的魅力，其实，他们感受到的还有文化。

一节课，学生乐此不疲。这节课，过得太快了！一连读了四个故事，边读边乐，乐着乐着就下课了。读完最后一句，又是一阵朗朗的笑声。

一堂课结束了，但留给我的思考并没有停止。

在我的心里，不断地思考着一句话"热爱是最好的老师"。很长一段时间，当我在进行阅读课备课时，总是在想"教学目标""教学重难点""教法学法"……其实，"如何激发学生的阅读兴趣"是永远排在第一位的。阅读课，它的终极目标是什么？让每一个学生养成终生阅读的习惯。试想，如果学生不能对阅读产生浓厚的兴趣，即便是掌握了诸多阅读方法，即便是阅读了一些书籍，终究学生的一生不会与书为伴。关注学生的情感，让学生热爱读书、拥有这美好的情感，因为"热爱"就如同一双桨，每天都会载着学生去领略无限美好的风光。

在我的心里，不断地思考着另一句话"怎样让学生和热爱交上朋友"。小贴士、小红花，能够激发学生一时的阅读热情，但不持久。要想让学生对阅读有持久的热情，就要善于挖掘阅读文本本身的无限魅力，它是激发学生热爱阅读的持久动力。

想着想着，有两位同学跑来告诉我，家长已在网上给他们购买了这本书，还有的同学在打听着怎样在网上注册购买。听着他们说的，我很欣慰。在我的心里，不断地回味着这样一句话：授人以鱼，不如授人以渔；授人以渔，不如授人以渔场。

"渔场"，乃书海也！

又是一年收获时
——和学生一起阅读生活

又是一年的秋天，看校园，海棠树上结下了一个又一个红彤彤的海棠果，柿子树上挂起了一个又一个的红灯笼，一个又一个的石榴笑红了脸，露出了洁白的皓齿。

一个深秋的清晨，全校师生在学校的操场上集合，开展了一次别开生面的采摘活动。绿油油的柿子树下，早已摆好了三个高高的梯子。各班选派一名学生代表，站在柿子树下，他们早已跃跃欲试。两位小主持人宣布采摘开始后，耳边突然响起了民乐《喜洋洋》的旋律，真是令人兴奋！孩子们笑了，他们踮着脚向柿子树望去。几位高高的男老师爬上梯子，小心翼翼地剪下一个又一个诱人的柿子。孩子们纷纷举起果篮，举得高高的，都想让老师把那鲜红的果实放到自己的篮子里。

金黄的秋天，收获的季节。我们的收获，多么令人欣喜！孩子们情不自禁地和着音乐鼓起了掌，多么有节奏；他们的小脸上绽开了一朵朵美丽的花，多么的甜蜜；有的更是抑制不住心中的喜悦，在窃窃私语。孩子们的欢笑声和欢快的乐曲声融合在一起，回响在校园的上空。

"其实啊，人生也有四季。"望着眼前的热闹场景，我默默地对自己说。

一年有四季，春夏秋冬；人生也有四季，童年、少年、青年、中年、老年。童年是人生的春季；少年是人生的夏季；青年是人生的秋季；中年、老年是人生的冬季。只有春天辛勤地播种，夏天默默地耕耘，秋天才会结出硕大的果实。收获的季节，带给人们无限的喜悦。

　　我正默默地想着，两个孩子提着果篮，分给班上的同学三个鲜嫩的果实。孩子们更加地兴奋，看着，笑着。转眼的工夫，柿子树失去了往日的风采，变得浓绿。几个月默默地生长，换得满身的光彩，可就在这一瞬间，又变得绿油油。收获，是那样的短暂。大自然中，哪一种植物何尝不是如此？默默地耕耘，默默地生长，只为在那一刻绽开它全部的美丽。默默地生长，何尝不是美丽的呢？坚持不懈，持之以恒……美在内心。

　　当我们和着音乐的节拍走回教室的时候，我和孩子们分享了我的感悟。

　　他们的眼睛写满了专注……

全国模范教师的小学语文教学智慧

翩翩的枯叶，一幅美丽的画
——记一堂自由的习作创作课

漫步校园，一片片枯叶落满校园，我知道，深秋已经到了。

站在院落里，看地面、看绿廊、看屋顶……数不清的枯叶扑入了我的眼睛里。抬起头来，枝杈猛的变得稀疏了。树上的鸟窝高高的，可以清清楚楚地看它的模样了。啊！片片绿叶不知疲倦地飘飘欲坠，好像有谁在无声地指挥，它们的动作是那么整齐有序。眼前犹如出现了一只只可爱的小精灵，摇啊摇啊，像是在欢迎你似的，好不惬意。

飘飘欲坠的枯叶，是一幅美妙的画。

又是一个深秋的下午，我和刘老师一同走进学校的阅览室。今天，我们打算招呼孩子们去寻秋。他们兴奋得简直无法用语言来表达。亲近美丽的自然，对孩子们来说，是一件多么美妙的事情。简单的交流后，我们排着队伍来到了院落。一路上，飘落的枯叶随处可见。一位清洁工人仍在忙碌着，将落叶扫进了花池里。落叶飘落了，枯萎了，它们还不曾被人们丢弃。

眼前的孩子们离开了队伍，快乐地享受着秋的爱意。有的踩在枯萎的落叶上，默默体验着；有的拾起一片枯叶，默默凝视着；还有两个伙伴拿起叶的根部，拔起了老根，默默地感受着。校园里，孩子们快乐地跑着，快乐地找寻着心中的"老根"，快乐地拔啊拔啊，拔断了，再找寻着，拔着……乐此不疲。至今仍让我难以忘记的，是孩子们脸上灿烂的微笑，犹如一朵朵盛开的花朵，美丽动人，这是我在教

室里从未看到的。

快乐玩耍的孩子，是一幅生动的画。

我也像学生那样走在落叶上，脚下发出了吱吱的响声。我默默地体验着与它们亲近的情意——俯下身，慢慢地蹲下；伸出手，随意地拣拾一片。它干枯，边缘焦黑，还有几道裂痕。又有几片，也悄然落下。

玩了好一阵，孩子们走进楼道，站在窗台前，拿出稿纸，凝视着窗外自由舞动的树叶，也开始了自己的自由创作。窗外，还有人蹲在树下的木凳前，无拘无束地书写心情的话语；有的坐在扫云廊的长椅上，稿纸放在了腿上，专注地创作着。当我从扫云廊回来的时候，看见一个男孩趴在绿廊的地上，我轻轻地说："同学，到长凳上去写吧。"他立刻拿起纸和笔，跑了过去。院落里，已越来越静了，孩子们也渐渐地找到了自己栖息的地方，笔尖在稿纸上不停地滑过，他们静静地写啊，写啊。那份专注，那份投入，也是我在教室里所不曾看到的。

自由创作的孩子，更是一幅动人的画。

粗壮的杨树，枯黄的树叶自由地舞动着；高大的树下，孩子们自由地表达着，多么的自然，多么的和谐。若干年以后，小苗也会长成大树。

自然，让画面更美丽。

全国模范教师的小学语文教学智慧

体验生活的真谛
——成功需要笨笨傻傻地坚持

我在阅读时，看到了这样一个标题——成功需要笨笨傻傻地坚持。很喜欢"笨笨傻傻"这四个字，很实在，可贵的是道出了成功的真谛——成功无捷径。

其实，作为学生，何尝不是如此呢？

清晨一进教室，我把批改后的复习卷发给学生，让他们改错、回判，将错的四字词语再多写几个，加强记忆。

清扬同学拿着练习前来回判，题目是这样的：（　　）喜若（　　）。他写的是：若喜若狂。我指给他看，告诉他："第一个字错了，应该是'欣喜若狂'。"

他告诉我："我原先写的就是'欣喜若狂'。"

我顿了顿，告诉他："那你肯定是'欣'字写错了。你要看书，看一看正确的字怎么写。"

他再次跑来回判，我一看，这次他写成了"心喜若狂"。显然，他回去之后并没有看书。

我问他："你原来就这样写的吧。"

他频频点头，我接着说："这个'心'字错了，怎么写，你要看书。"

看着走回座位的背影，我想起了昨天天泉同学默写的一幕。

昨天，我默写了《日积月累》中的格言。批改完发给了学生，我告诉学生:"如果哪一条出现了错误,需要把这一条再重新默写一遍。"

我觉得虽然这样提出了要求,但是有多少人能够认真落实,我自然有数,我觉得能够认真落实的一定是少数。我静悄悄地走在教室里,在桌椅间穿梭。班主任行走在教室里,会发现很多问题,犹如"微服私访"一般。

昨天,我惊讶地看到天泉改完格言中的错字,用本子把格言遮挡上,然后在纸的空白处重新默写。他不是"作秀",因为我是静悄悄地在教室里穿梭。

想到这,我表扬了天泉,表扬了他的自觉,表扬了他不折不扣地按照老师的要求去做。对于学生来说,成功,不就是要笨笨傻傻地坚持按照老师的要求去做吗?

尽管离期末考试越来越近了,我觉得还是有必要在班级重申三项内容——

怎样写作业?

答:写作业时,要翻看前一次的作业是否有错,有错必要先改错,才可以做作业。

怎样改作业?

答:改作业时,要翻看语文书,或者工具书,查找答案,这样的改,才有效率。否则,你永远在"改正错题"的路上。

怎样查作业?

答:当我们完成抄写或默写的作业时,写完后,必须要打开书,与本子上所写的内容一一检查,错的要改正,对的要用铅笔画钩,做标记。

下学期,我将以此作为检查、督促的重点内容。但是,我所看到的,是学生完成各项内容的结果。老师只能通过结果推断学生完成作业的过程,有时会带有片面性。有效的教育,是在学生完成某事的过程中纠正学生的不当行为。而学生完成作业的过程,很多时候是在家里，这是老师所触摸不到的，这也正是发挥家庭教育的独特作用。家校共育，才会形成一股强大的合力。我们才会在学生的身上，看到他们飞速进步的身影。

成功需要笨笨傻傻地坚持，老师如此，学生、家长亦如此。

雪花无声，但有情
——记一节静悄悄的语文课

真好！窗外下雪了！不知从什么时候，天空中飘起了雪花。一片、两片、三片……数不清的雪花无拘无束地飞舞，又无声无息地飘落。它们是那么自由、那么愉悦地欢跳着，来到了这美丽的世界。

忽的，雪大了！大片的雪花从天空中倾泻下来。猛然间想到，雪花无声，但有情。你看，它们多顽皮，落到了枯黄的老叶上，给它增添了一丝冬的气息。假若我伸出手，它们一定会淘气地跳到我的手心里。

"同学们，外面下雪啦！"安静的教室里有了一丝生气。"啊！雪！""下得好大！"有的小家伙站起了身，他们凝视着窗外的雪，每个人的心里流淌的便是惊奇、喜悦……那份感情似乎又无法用语言说得真切，只是这笑洋溢在他们的脸上。

看着这美丽的、灵动的雪景，我在黑板上写下了这样的几个字——课堂作文，题目是《窗外的雪》。孩子们铺开稿纸，拿起了笔，一行行流畅的文字流泻下来。我行走于教室里，不时弯下身，注视着他们书写在稿纸上的文字。

文字无声，但有情。

"上午的第二节课，王老师给我们布置了一篇作文，题目是'窗外的雪'。好奇怪的作文题，我不由得向窗外望去，窗外的景象让我惊讶地喊出声来：'好美的雪啊！'同学们的眼光也随着我的喊声望向窗外,那皑皑白雪真是美丽。"

"一片片小雪花快活地从天上飘落下来,在北风的吹拂下从容地左右飘散。在屋里仰望天空,颇有一番意境深远的滋味。"

"真美!外面下起了鹅毛似的大雪。哦,真冷呀!天上飘落的大片大片的雪花没有一点声音,可是,却融入了一丝韵味。窗前,我默默地享受着这小家伙们亲近的情意。"

"无数的雪花从天而降,它们在天空中开心地舞动着,那么活泼,那么可爱。蔚蓝色的天空,成为了它们玩耍的乐园。"

"雪花,是冬天带来的礼物。在清冷的雪天里,我们收获了喜悦与惊奇。雪渐渐地停了,但在我的心中,它却永远飞舞,飘散。"

……

孩子们在稿纸上奋力地书写着,似乎心中永远有着说不完的话。

"铃——铃——"下课了。一堂课就这样结束了。

孩子们放下了手中的笔,到校园里踏雪去了。

课堂无声,却有情。

转天,我看到了学生交上来的习作,这一句让我凝视了好一会儿——"傍晚,雪停了。但是,我的心依旧念着白天的那场雪。"

我的心依旧念着昨天那节静悄悄的语文课。

给雷锋班写封信
——聆听雷锋班的新故事

新学期开学了，我们在班级中成立了雷锋故事宣讲团。大家兴致盎然，纷纷报名参加。由于报名人数较多，大家一同制定了入围标准——爱阅读、爱演讲、守纪律、乐助人。于是，由六人组成的雷锋故事宣讲团诞生了。

阅读课上，张雨杉第一个走上讲台，一边播放幻灯片，一边讲述着：

雷锋出生在湖南省长沙市望城区一个贫苦农民家庭。当小雷锋才3岁时，雷锋的爷爷雷新庭却在春节前夕被地主活活逼死；当雷锋5岁时，又有一个不幸的事情发生了：那时是日本入侵者旺盛时段，雷锋的父亲——雷明亮，在江边运货的路上遭到国民党逃兵的一阵毒打……

一张张震撼心灵的照片映入学生的眼帘。演讲团成员一一演讲之后，我把学校带领学生参加赴辽宁抚顺雷锋班的张张照片制作成幻灯片，一边播放一边给大家讲解着雷锋班的故事：

雷锋班始终为老班长雷锋保留着一个正式编制，现在的雷锋班正式编制为8人，但实际在岗的只有7人，另一个就是雷锋。而在每晚熄灯号前的例行点名中，第一个名字也是雷锋，由全班答"到"。

临下课的时候，学生好奇地问："雷锋班里还发生过哪些新故事？"

学生这一问，还真是把我问住了。我顿了顿，对学生说道："你若想知道，可以给雷锋班的叔叔写封信啊！"

几天以后，信被投进了邮局。以后的日子，学生常常问我："王老师，雷锋班叔叔回信了吗？"其实，每当我路过传达室时，就会走进去看一看。

终于在一个星期一的上午，我们收到了雷锋班第25任副班长曲宗明给全班同学写来的回信。当我拿着信走进教室，告诉了他们时，教室里突然安静了下来，每个学生的眼睛里写满了期待。

我虔诚地给大家读着副班长的回信：

……

前段时间，我们班一名同志外出去医院看病时，在医院门口遇见一位聋哑乞讨者。这时，我们班战士想都没想就掏出了20元钱准备给她。旁边一名路人走上前说："小心点，她可能是骗子。"面对这个情况，那名战士说："没事，如果她是骗子，那我就用这20元钱去感化她，如果她不是骗子，那就说明我做了一件好事，为社会做了贡献。"

还有一个事情，我们班王嘉硕去买相机时，销售员送了他一袋大米。但是部队管吃管住，所以他就在门口把大米送给了一位环保工人。可是那位阿姨说什么也不要，理由就是怕被骗了，可他却非常有耐心地给阿姨说明情况，并把士兵证拿出来给阿姨看，最终阿姨才接受了……

当我读完这封信后，教室里依然鸦雀无声。同学们的眼神里流露出的是崇敬，是爱戴，久久地沉浸在雷锋班叔叔的亲切的教诲中。雷锋班叔叔在信中对同学的教诲"莫以恶小而为之，莫以善小而不为"铭刻在学生的心中，直到永远。

学生从真实的故事中受到感染，而讲述故事的人是学生崇敬的偶像，震撼了学生的心灵，他们的内心深处受到了感染与净化。鲜活的故事，娓娓道来的教诲，传递给学生的是一股股正能量。我们通过多种形式，去重复着那最美丽的思想，所有的美丽思想就会变成学生的行为方式、生活方式。

咻，咻，咻，抢红包
——有创意的奖励活动

在语文的学习中，我们开展了一系列的评比活动。在每周的评比中，很多学生都可以获得一张积分卡。日子一长，该如何兑换学生的积分卡呢？想了很多方法，最有意思的莫过于"抢红包"的游戏了。

学生都想参加"建群抢红包"的游戏，但是，要想获得资格，需要上交三张积分卡。于是，周五下午，已上交三张积分卡的同学特例批准可以带来一部手机。我们打开"微信""发起群聊""面对面建群"，一同输入"1234"，给群起了个群名——快乐周末邀你抢红包。群内有19位小伙伴。

学生对晚上八点的抢红包活动充满了期待，毕竟这是他们第一次和老师、同学一起抢红包，心里不禁有些激动。

晚上7点40分，在微信群里，我发了一个红包，只能有10位小伙伴可以抢到。"刷刷刷……"红包已被10位小伙伴抢走，没有关注到的小伙伴还有些遗憾。哈哈，这便是抢红包的乐趣——不经意间获得，不经意间错过。

晚上8点，我们如约而至，纷纷拿起手机，我猜想群内的小伙伴一定在目不转睛地盯着屏幕。

在群内看到了学生的发言——"好期待晚上的抢红包活动""大家晚上好……""欢迎王老师……"

我在群内发出了一段开场白："大家晚上好，欢迎大家如约来到微信群里，是你的优秀让你赢得了参加今晚特别班级活动的资格。希望今晚的特别活动能够给你带来一段美好的、难忘的记忆。"

看到了这段话，学生感觉到要抢红包了，心里有些激动，"鲜花""咖啡""太阳"的图标不断地出现在屏幕上。

我继续发言："请大家仔细阅读屏幕上出现的五道题目，大家可以一起作答。每道题目出现后，只要有一位同学回答正确，老师立即发送一个红包。大家阅读题目后，可以采用的求助方式有询问家长、互相讨论、网络搜索等等，这些途径都是可取的。"

"第一题，岁寒三友指哪三友？请作答。"

瞬间，屏幕上出现了学生的答案："竹、兰、菊。"

我回复："请继续思考。"

瞬间，屏幕上再次出现了学生的答案："松、竹、梅。"

随机，我发送了第一个红包。第一个红包"2元"，群内有19位小伙伴，我设定红包个数"18"个，这样的抢红包游戏才会有些刺激。

继续发布"花中四君子指什么""文人四友指什么""四库全书指什么""汉字六书指哪六书"。

一问一答，一切都是那么迅速。发红包的数额由"2元"涨到了"5元"，红包个数也由"18个"降到了"15个"。五道题目，学生抢答完毕，五个红包也被学生抢完。"掌声""鲜花""笑脸"……一个个动人的表情在微信群内频频闪动，我猜想伙伴们的心里一定洋溢着无限的兴奋与激动。

临了，我又随机发出了两个红包，红包个数为"19"个，让这难忘的经历留存在每个学生的心中。

"同学们，今天，我们在群内度过了一个愉快而美好的夜晚。是因为你的优秀赢得了参与这次特别的活动机会。希望你能一如既往地保持优秀的姿态。最后向大家道一声'晚安'结束今天的活动。大家，再见！"

临了，我在群内发表了这段富有感情的文字。

相信，许久、许久，学生的心都无法平静。

活动结束了，我依然思考。学生对"抢红包"游戏并不陌生，每到春节，他们一定会在亲朋间抢得不亦乐乎。但是，和同学、老师一起"抢红包"，对他们来说，是第一次。正是这第一次，带给学生的不同一般的体验，让学生获得了身心的愉悦，并深刻地感受到——做最好的自己，享受班级最特别的体验。

让"抢红包"特别活动融入文化的气息，便是"抢红包"活动中蕴藏着的最具特色的创意。

全国模范教师的小学语文教学智慧

在大凉山教书
——我和彝族学生一起阅读甲骨文

五月,我背上书包,拉着行李箱,出发了。从天津滨海国际机场登机,三个多小时后,飞机缓缓地降落在了西昌机场。这次出行的目的地是四川省凉山州昭觉县。汽车在山路间行驶了三个多小时,到达工农兵小学——我这次支教的地方。光阴匆匆,手握一支笔,让我的思绪在纸上流淌。

清晨,天渐渐地放晴。按照计划,第三节课要面向全校语文老师上一节示范课。我选择的教学内容是五年级下册第三单元《遨游汉字王国》。教材中出现了这样的一段话:

搜集更多的资料,围绕汉字历史、汉字书法或其他感兴趣的与汉字有关的内容,开展简单的研究。

于是,这堂语文课上,我和学生一起分享了《十二生肖与甲骨文》。

在小组的讨论声中,学生依次认识了:鼠、牛、虎、兔、龙、蛇、马、羊、猴、鸡、犬、豕。

"在这十二个甲骨文中,有两个字很特别,特别在哪里?"

学生思考片刻,发现"牛"和"羊"只是描绘了动物的头部,而其他绘制的是动物的全身。

最有意思的莫过于"鼠"字,"鼠"的头部出现了三个"点",这三个"点"代表什么呢?学生联想到这三"点"是"鼠"的头发,于

是，我启发学生从"鼠"的生活习性去思考。学生一下子想到了老鼠喜欢将食物咬碎，这三"点"就是老鼠咬碎食物后的残渣；还有的学生想到了老鼠喜爱钻土洞，导致它的头上常常带有泥土。学生的思考多么富有创意啊！

  细心的学生还观察到了"虎"字。古人创造这个字时，突出了"虎"的血盆大口，还有它身上的花纹。学生感叹道，即便是凶猛的动物，古人也要创造条件近距离地观察它们。

  最漂亮的莫过于"马"字。哪里漂亮呢？学生一边观察一边思考——古人突出了"马"脖子上的毛。古人用笔给我们画了一匹奔跑时的马，看它奔跑时竖起的鬃毛，展现出了它的动态美。

  最特别的是"鸡"字，左上有一只手，左下像一个人，合起来就是一只手拉拽着一个人。右边是一只鸟的象形，说明这是一种鸟类。这个字无声地告诉我们：古人在驯化鸡的时候，就像一只手拉拽着一个人一样，要把鸡拴着饲养的，否则就可能飞走。此刻，学生的眼神里充满了疑惑，他们特别想问："可是生活中的鸡没有拴着啊？"

  是啊，经过大约四千年的驯化，鸡已经不会飞翔了，失去了短飞的能力，不需要用绳子系住来饲养了。这时，学生舒了一口气，心中豁然开朗。

  最相似的是"犬"和"豕"，"犬"就是狗，"豕"就是"猪"。甲骨文的"犬"和"豕"真是太相似了，不过，学生火眼金睛，轻轻松松就发现了：尾巴向上的是"犬"，尾巴向下的是"豕"；"犬"的腹部比较平，"豕"的腹部比较大，缓缓地向下坠。

  ……

  多么有意思的一堂语文课啊！在一阵阵欢笑声中，我引领学生思考："古人的造字智慧来自哪里？"

  学生思考片刻，一位女生举起了手，她说："古人的造字智慧来自他们的生活。"

  "是啊！古人不但对野生动物的驯化能够细致观察，就是对一些猛兽也有近距离接触的生活经验。古人的造字智慧来自他们的生活，来自他们的狩猎生活。"

在《我和我的祖国》伴奏声中，我们分享了印度前总理尼赫鲁曾经对他的女儿说的一段话：

世界上有一个伟大的国家，她的每一个字，都是一首优美的诗，一幅美丽的画，你要好好学习。我说的这个国家就是中国。

下课的铃声响了，这堂特别的语文课结束了。说它"特别"，是因为我和这些彝族的学生一起阅读了十二生肖甲骨文，感受古人的造字智慧，激起他们对中华传统文化的探究热情。

我相信，当他们听到了尼赫鲁对女儿说的那段话时，心中一定升腾起作为中国人的骄傲与自豪。

我在大凉山教书，感受到彝族学生热爱学习、积极探索、乐于分享……和他们一起阅读、对话甲骨文，成为了我生命中最难忘的一段记忆。

第五辑

倾听，增长教学之智

听课与评课是学校教研活动中的重要内容，是教师必备的一项基本功，也是教师相互交流、相互学习、取长补短的重要形式。教师在听其他老师授课时，要特别注意去品悟师生教和学的方法与技巧，注意品悟教师如何运用并组合教法，特别留心品悟不同学生在课堂上的思维类型、学习心理、学习方法和认知规律。

感受于永正老师的教学艺术

——听《秋天的怀念》有感

几年前，曾经听过全国著名特级教师于永正执教的习作课《一朵大红花》。而今天，我又乘火车来到北京，听于老师执教《秋天的怀念》。至于这篇课文，我曾经听一位特级教师执教过，却猜不出于老师会怎么上。但我敢肯定的是，这堂课一定会让我大开眼界、获益匪浅的。果然不出我所料！一堂课，我支起耳朵认真地倾听，听之后又埋头记录，生怕忘掉哪一句话。

虽然乘坐早晨第一趟天津发往北京的列车，可当我走进会场的时候，于老师已经上课半小时了，这真让我感到遗憾。我迅速地拿出笔和本，开始记录。一节课下来，我真切地感受到语文的魅力，我更真切地感受到于老师的魅力。

面对于老师那富有启发、充满意境、陶冶心灵的课堂语言，我信服；面对于老师深入地钻研教材，而课堂上却能深入浅出地引导学生品味那一词一句，读出它的话外之音，我折服。

一、于老师课堂语言的魅力

课堂上，于老师给学生布置学习任务，虽然是简短的几句话，但这既是于老师给学生提出的明确的学习要求，也是对学生进行读书方法的指导。

例如指导学生学习第一、第三、第六自然段时，他这样布置学习任务："先轻声读第一、第三、第六自然段，再默读这三个自然段，找一找写母亲的句子。要了解母亲,就要听其言、观其行、察其色。察言观色,才能走进她,读懂她。"

当学生默读时,于老师又引导学生在把描写母亲的词语做一些记号。在个体学习的过程中,于老师给予学生充分的默读时间。看得出,在众目睽睽之下,学生仍旧是踏踏实实地学习,一丝不苟地做着记号。这期间,于老师又弯下身子,走到一位位学生身旁,阅读他们所做的记号,给予学生积极的关注。

当这一学习过程结束的时候,于老师又进行了反馈与小结:"你们都在思考,都在想象,课本上都留下了你们思考的痕迹。读书,就要养成读书做记号的习惯。"

以后的学习中,于老师仍旧对学生进行读书方法的指导。于老师投入地对学生讲:"什么叫'品读'呢?'品读'就是深层次地读,读中去思考。"于老师还给学生讲:"好书不厌烦,过去有人把读书叫'煮书',煮熟了才知道味道。"

现在有的老师谈"讲"色变,可在于老师的课堂上,他也对学生讲,讲是那么的必要、那么的精辟、那么的生动。当学习即将结束的时候,于老师设问:"在母亲的呵护下,作者转变了想法了吗?坚强起来了吗?读一读最后一个自然段。"学生读后,体会到作者坚强起来,是从作者笔下的菊花体会到的。于老师觉得学生的体会还不深入,再一次对学生深情地说:"母爱是牵挂,是鼓励,在母亲的鼓励下,史铁生走出了绝望。他没有说,通过对菊花的描写把意思表达了出来。这就是语文的魅力,这是文字的魅力,说出来就没有意思了。隐隐约约地说,含蓄地说反而有魅力。这就是阅读的魅力,读书的魅力。"于老师又接着说:"课文前后对比,前后照应,这也是语文的魅力,不读书是看不出来的。暴怒无常的时候,一切美的东西不存在;心情好的时候,美的东西又亮起来了,读书前后联系起来读。"

于老师又说:"在母亲的呵护下,他站起来了,他就是中国的保尔。他现在是著名的作家,北京人的骄傲,中国人的骄傲。"对学生来说，从这充满真情的话语中一定会受到启迪、受到感染，于老师的话激励学生不断向前、健康成长。

这节观摩课结束的时候，于老师对学生说："即将下课了，黑板上一个字都没有了。相信课文中的词、语言留在了你的心中。学习语文，不仅要知道作者写了什么，还要关注作者是怎么写的。词要记，语言要记，谁拥有了语言，谁就拥有了智慧。"

虽说是给孩子们上一节课，可于老师却是本着对孩子们一生负责的态度去上课的。他说的每一句话，都会让孩子们终身受益。连我，都获益匪浅。

二、于老师钻研教材的魅力

于老师对教材的深入钻研，真让我佩服得五体投地。面对这篇较长的课文，于老师紧紧地抓住课文中的重点词语，和学生边读边品，品悟作者集中表达的情感，而且逐渐深入，一点点地深化文章的主题，由浅及深，由表及里，由外及内，犹如春雨点点入心，滋润着学生的心田。

课堂上，当学生读熟课文后，于老师让学生默读课文，画出写母亲的词语、句子。在这一过程中，学生认认真真地默读课文，专心致志地思考。而老师行走在学生之间，他时而俯下身，仔细地看学生在书上做下的记号，时而把学生从书中找到的精妙之词、句板书在黑板上。当年近古稀的老人每每弯下腰专注地看学生在书上的批注时，我的心里都流露出了无限的崇敬，这也正是于老师特有的魅力吧！

1. 走近母亲——探究"母爱是什么"

当学生自学结束后，黑板上已经写满了词语、句子，那都是学生自学时，在书上做了特殊标记的词语、句子。那些词语、句子都是写母亲的。

于老师指着黑板上描写母亲动作的词，设问：母爱是什么？

生：母爱就是一个又一个的动作。

（于老师的手又指向了一个个句子和描写母亲神色的词语）

生：母爱就是一句句话语。

生：母爱就是一个个神色。

师：这就是母爱，母爱是一个个动作，母爱是一句句话语，母爱是一个个神色。一句话，母爱是一堆堆细节。

2. 走进母亲——探究"母爱究竟是什么"

于老师又饱含深情地说："如果有人问我，什么是母爱？母爱是一堆堆细节，这样够吗？"（学生摇摇头）于老师又接着说："让我们再来品读细节。从这些细节思考——母爱究竟是什么？"

教师再次给予学生足够的空间和时间进行学习。我深深地感到，于老师把课堂真正地变成了学生的学堂。课堂，成为了学生学习的场所。在众目睽睽之下，于老师舍得拿出充分的时间供学生对话文本，这更让人折服。

当学生自学过后，于老师和学生分享了第一自然段中的"躲"字。他声情并茂地说："母亲为什么不劝阻，任凭儿子去砸、去摔，自己却躲开了呢？从'躲'这个字，你看出了什么？这一个'躲'字究竟告诉了我们什么？"

生：母亲是让儿子发泄。如果儿子不发泄，怕他干傻事。

师：这体现了母亲对儿子的——

生：理解。

师：母爱究竟是什么？

生：母爱是理解。

师：母爱是理解。泰戈尔说过，理解是爱的别名，没有理解，就没有真正的爱。

接下来，师生又聚焦了第三自然段中的那个"挡"字，于老师又一次设问："作者望着外面刷刷飘落的树叶，为什么不让儿子看飘落的树叶，偏偏要'挡'住呢？"

生：因为树叶的飘落代表一种生命的毁灭。

师：是啊，这表示小小生命的结束。有人说，自古逢秋悲寂寥，一声梧叶一声秋，一点芭蕉一点愁。当他面对"无边落木萧萧下"的情景，母亲挡住的是什么？是树叶吗？

生：挡住了绝望的想法。

师：挡住了绝望，留下了希望。那母爱是什么？

生：母爱是希望，母爱是呵护。

师：再聚焦一个不起眼的问号。母亲说的这句话"你要是愿意，就明天？"为什么这句话中用了一个问号？为什么母亲说话的时候现出央求般的神色？

生：母亲没有想到儿子愿意去。

生：母亲不是强迫儿子做这件事情，是在征求他的意见。

师：母爱是什么？

生：母爱是尊重。

师：是啊，母爱是尊重、平等、商量、小心翼翼。她生怕什么？

生：她怕激怒了儿子，因为她的儿子暴怒无常。

而后于老师又和学生聚焦了一个"笑"字。

师：母亲说，那就赶紧准备。儿子听了，态度好吗？（学生摇摇头）母亲却笑了，接着又絮絮叨叨地说了一大段话。你从母亲的笑中看出母爱是什么？

生：母爱是一种宽容。

师：掌声献给她，这是母爱的胸怀。雨果说过，世界上最大的是海洋，比海洋大的是天空，比天空大的是胸怀。这句话还有点儿不准确——比天空大的是母亲的胸怀。当她看到儿子那么发脾气，她悄悄地躲在一边，对于"跑"和"踩"之类的字眼，她比儿子还敏感，母爱是什么？谁也说不清，母爱是大海，广阔的大海。你们现在还小，慢慢地体会吧！

短短的一堂大课就这样结束了，一篇长文让于老师上得这么轻松、这么简单，这就是于老师深钻教材的结果！听完这堂课，我感到自己的心灵也受到了感染。于老师没有任何说教，而是娓娓道来，深情地感染着坐在礼堂里的每一个人。

听于老师上课，真是一种幸福啊！

感受靳家彦老师的言语魅力
——听《两小儿辩日》有感

曾聆听著名特级教师靳家彦执教《董存瑞舍身炸暗堡》。课堂上靳老师的那份潇洒、那份睿智，那份丰厚的文化底蕴，至今还让我记忆犹新。

带着一份虔诚，带着一份敬仰，今天，我再一次步入礼堂，聆听靳老师执教《两小儿辩日》，又一次真真切切地感受到靳老师的课堂语言充满了艺术，从一句句肺腑之言，更感受到他对教育的无限热爱与追求。

一、给学生提供更多的信息

有人说，教师要给学生一杯水，自己要有一桶水。而这还远远不够，如今的教师，要有一溪活水，时时给予学生的都是新鲜的。如此，学生才会听不厌倦、学不厌倦。

在靳老师的课堂上，更是让我深刻体会到教师要有渊博的知识、丰厚的积淀，这样才有资格做一名小学语文教师。在上课伊始，靳老师询问学生："这篇课文的作者是谁？"学生纷纷回答——列子。继而靳老师又问："列子，还叫什么？"这时学生都卡了壳，于是，靳老师滔滔不绝地给学生讲起来："列子，名御寇，他写了本书，叫《列子》，这篇文章选自《列子·汤问》，《愚公移山》也出自《列子·汤问》……"

学生听得格外入神,个个都目不转睛地望着老师,生怕漏掉一条。此时此刻,正是学生自己不能解疑的时候,教师在学生求知兴趣正浓时不假思索地给予了解答,学生定会提高注意力、认真地听取,同时也会感到十分地"解渴",因为他们想急切地"释疑"。虽说这样的内容也可以课下查找资料,但当堂"释疑"会赢得学生对老师的敬慕与佩服。不经意间,也让学生体味到了中华文化的丰厚博大。等等这些,都缘于教师所具备的渊博的知识。

二、帮学生养成良好的习惯

有位教育家说过,教育就是培养习惯。不错,身为一名小学教师,肩负着的最重要的任务就是帮助学生养成良好的习惯,为其人生奠定基础。很欣赏窦桂梅老师说过的一句话——为生命奠基。这无非就是说,教师要为孩子的一生奠基。而培养学生习惯的主阵地还是那充满生命气息的课堂。

今天,在靳老师的课堂上,让我着实地感受到了应该怎样培养学生养成良好的学习习惯。

1. 说,就要说好

上课伊始,靳老师对学生说了六句话,请他们来判断哪句真、哪句假。在学生逐句判断的过程中,靳老师不止一次地肯定学生不仅能把话说得清清楚楚,而且还能把话说完整。如此细致的肯定,既是对说话者的表扬,同时也是充满了对全班同学的激励。而后的教学中,学生纷纷都说完整话,自己的意思也表达得清清楚楚、明明白白。

2. 写,就要写好

教师板书课题前,耐心地对学生讲:"我把课题写在黑板上,你们也伸出手在桌子上写,把字写好、写工整、写美观,更要写正确。每一分、每一秒都要抓紧时间学习啊!"从靳老师的言语中,我们不难看出靳老师的课堂既充满了平等与尊重,也让我们体会到靳老师对学生的指导是多么的细致入微。

首先，教师板书课题，虽说是不会超过两分钟，可靳老师的眼里有学生。引领学生在桌子上写，不仅以学生为主体，也将提高课堂教学的效率。因为只有让学生亲自体验，才会在他们的心底留下深刻的印记。其次，阅读教学中，靳老师没有忽视让学生写字，还给学生提出了三点要求——正确、工整、美观。这"六字"要求细致，到位。最后，靳老师告诉学生立即去做、抓紧时间，这是对学生学习品质的培养。这样的学习品质一旦形成，学生将会终身受益。

3. 读，就要读好

两节语文课，可以说是在学生朗朗的读书声中过去的。语文课，万不可缺少朗朗的读书声。请学生读书或是背书的时候，靳老师鼓励学生高声读，这既有利于培养学生良好语感的形成，也是让学生增强自信，相信自己读得是最好的。

在课堂上，靳老师还给学生耐心地讲怎样才能把书读好。他说："读书，就要把书读好。古人把读书叫'煮书'，意思就是把书读得非常烂、非常熟。只有烂熟于心，才能掌握它、消化它、吸收它。只读还不行，还要把自己的理解讲出来，要读好，才能讲得清楚。"这等妙招显示出靳老师深厚的语文功底，学生听罢，将会感到自己获得了巨大的财富，因为这是师者自己多年来，乃至几十年来所感悟到的学语文的精华之所在。把它无私地传授给了学生，这正体现了教师的魅力与素养。

三、对学生进行情感的熏陶

语文学科是工具性与人文性的统一。教师既要重视它的工具性，又不能忽视其人文性特点。课堂上，教师不仅要抓住文本资源，对学生有意识地进行情感的熏陶，还要抓住课堂生成的资源。

教学中，靳老师请同学们评一评刚才那个同学的朗读。一个同学站起来说："他读得非常有感情，'辩斗'，他加重了语气读。"这时，靳老师及时地鼓励了这位同学，说他有一个最大的优点，就是学会赞

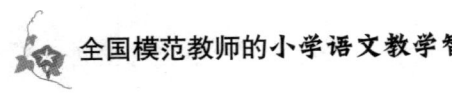

美别人，这是一种美德。还说他首先肯定了同学读得有感情，给他指出了优点，同时也给自己指明了方向。

亲切的话语里，是对两个同学的褒奖。相信这两位同学，听了靳老师的这两句话，一定倍受鼓舞。

一个多小时的时间一晃而去，还没有来得及细细品味，已经听到了台上的师生相互说再见。此时，在我心中却涌动出这样的肺腑之言——听靳老师的课，是一种享受啊！

像支玉恒老师那样，建构智慧课堂
——听《地震中的父与子》有感

新的课程理念认为，课堂教学不是简单的知识学习的过程，它是师生共同成长的生命历程，是不可重复的激情与智慧综合生成的过程。随着新一轮基础教育课程改革的不断推进和课堂教学改革的不断深化，课堂教学所呈现出来的前所未有的艰巨性、复杂性，以及教学活动自身的特异性、多变性和不确定性，都对教师洞悉复杂局面、应对复杂挑战的智慧品质和智慧水平提出了很高的要求。国家督学成尚荣教授指出："课堂教学改革就是要超越知识教育，从知识走向智慧，从培养'知识人'转为培养'智慧者'；用教育哲学指导和提升教育改革，就是要引领教师和学生爱智慧、追求智慧。"

让智慧唤醒课堂，让智慧引领教师专业成长，是时代的呼唤，是教师专业成长的需要，是课堂教学焕发生机与活力的契机，也是新时期教育教学改革的重大使命。

智慧课堂是以完善学生的人格成长、促进学生的智慧发展、提高学生的综合素质为目标的理想课堂。按照现代课程理念，智慧课堂要求在课堂教学中要注重让学生"感受过程、习得规律、发展智慧"。

一、激情的智慧

富有激情的导入，是一堂课成功的必需。它会给学生带来一个轻松、愉快的信号，把学生带入一种轻松快乐的氛围中，引领学生进入课堂。最重要的是，要激起学生学习的热情。一个富有激情的导入往往能达到事半功倍的效果。

著名特级教师支玉恒在执教《地震中的父与子》时，是这样做的。

师：谁想站起来自己读一读课文？想读的就快点举手，一、二、三、四、五、六、七位，第八位同学放下手吧，你举得慢了。前七位同学站起来。上课读书，发言，回答问题，这些机会都是你自己积极争取到的。你稍微慢一点，想读都没资格了。还有想读的吗？（生齐：有！）现在不行，等他们七位读完了第一、第二两个自然段，想读的同学赶快站起来读后面的，不用举手了，站得慢的就又没机会了。现在，这七位同学一起读第一、第二自然段。

（七位同学齐读第一、第二自然段，读完后很多学生站起来读第三、第四自然段）

师：刚才还有几位同学想读，就是动作稍慢了一点。大家给他们一次机会，可以吗？（生：可以）刚才想读，只因动作慢没读上的同学站起来，读过的不要起来了。

（这部分同学齐读第五、第六自然段）

师：现在大家都读过了，但不知道你们有没有自信心？

生：有！

师：自信心，对一个人的一生都非常重要。相信自己能把事情做好，有了这种自信，一辈子都能勇往直前。现在你们有没有自信心了？

生：有！

师：既然有，那谁敢举手说，我是全班读得最好的？有几位了，你刚才第一个举手的吧？请你来读，其他同学注意听。读下面的段落。

（生读课文）

师：还不错，声音洪亮，胆子也大，很有自信，全班第一！先别坐，他现在站在第一名的位置上了。大家服不服气？

生：不服气。

师：不服气，怎么不敢举手跟他比呀？（同学纷纷举手）好的，你来！如果你比他读得好，他就坐下，你接替他站在第一名的领奖台上，如果你读不过他的话，你还是坐下。你能不能把他读坐下？

生：能！（读下一段，读后众生鼓掌）

……

（教师继续请学生如此"比赛读"，期间教师指导了一下读文的语气）

我佩服支老师激发、调动学生读书兴致的言语智慧：（1）欲擒故纵——让第八位举手的同学放下手，是为了让更多的同学学会珍惜、懂得争取；（2）给予帮助——支老师又提供机会给动作稍慢一点的同学，请他们读第五、第六自然段。一个小小的环节，却折射出了支老师对课堂上每一位学生的关注、关爱，特别是那些安静的角落中的孩子。"面向全体"这四个字在支老师的课堂上绽放光彩；（3）培育自信——在每一位同学体验过后，逐步培育学生的自信心，关注全体学生的发展。

课堂伊始，支老师就千方百计地调动起学生学习的激情，对课堂教学来说，是至关重要的。

二、入文的智慧

一篇课文，如一条臻美的项链，教师要善于提及串起项链的那条线，提纲挈领。从整体入手，细读部分，再回归整体。走进一篇课文，让学生初步感悟、质疑问难、静静读书是不可缺少的。怎样能调动起学生学习的激情，这便是入文的智慧了。

师：我们已经读过课文了，把你的感觉归纳成一个词语说出来。

生：震撼。

师：你心里受到了震撼，是吗？这个词很好。

生：伟大。

师：这个词也不错。

全国模范教师的小学语文教学智慧

生：惊心动魄。

生：感动。

生：坚强。

师：说得都很好！

生：了不起。

生：自信。

师：对啊，刚才我们说了，有了自信就能办成大事。

生：勇敢。

师：太好了，虽然只短短地说了一个词，但我听得出来，关于课文主要写的什么内容，你们已经明白了。

学生通过课前预习、通过课堂上读文，自然会对文本产生一种感受。让学生表达出这种感受，提高了学生的表达能力，训练了学生的概括能力。学生在概括与表达之中，情感上也受到了熏陶。

师：同学们已经把课文读了两遍了，我还想让同学们再读，还有兴趣吗？

生：有！

师：读之前，我想提一个问题，你们猜猜我要问什么？

生：您是不是要问父亲和孩子具有一种什么精神呢？

师：这是一种什么精神——这个问题问得好，但不是我要问的。你把它写到黑板上。谁还要猜？

生：我想问一下，最后父亲让孩子出来，而孩子却让其他同学先出来，这是为什么？

师：是啊，孩子为什么让同学先出？很好，写到黑板上。从现在起，谁要是猜不中，我就刮你的鼻子，猜中了就刮我的鼻子。愿不愿意？

生：愿意！

师：谁猜？

生：您是不是要问从课文当中能得到什么启示？

师：不是，拿鼻子来，（轻刮，众笑）但是你这问题也挺好，写到黑板上去。

生：我觉得您要问为什么父亲那一句话使小孩那么自信。

师：父亲就说了一句话，为什么就能让孩子产生那么强烈的自信？这个问题是到现在为止最好的一个问题。很好！拿鼻子来！

生：您说我问得好，还刮鼻子？（众大笑）

师：我是说你的问题好，而不是猜中了我的问题呀！好了，现在听我提问——你们觉得《地震中的父与子》这个题目好不好？

生：哦……

学生初读课文，支老师巧妙地引起学生的好奇心——谁能猜中我要提的问题？其实，引导学生猜想的过程，也是引导学生独立思考的过程。引导学生入文，支老师仍不忘激情——谁猜中了，谁刮我的小鼻子。读完这段实录，不禁感到——充满激情的课堂更富有生命力。

师：这么好的课文起了这么一个题目，你们觉得好不好？

（学生有的答好，有的答不好）

师：你们再好好地读课文，根据课文所描写的事实、所表现出来的情感和那种精神，能不能给它改一个更好的题目？如果你认为题目是好的，读课文，找出理由。怎么读呢？拿出笔来，一边读一边勾画批注，找出根据来。

（学生各自默读课文，做读书批注）

读了这则片段，我感悟到：入文，就是要引导学生学会潜心会文——静心做批注。让学生在宁静中学习，在宁静中思考，而智慧就产生于宁静之中。这便是支老师的入文智慧。

三、悟文的智慧

悟文，是课堂教学的重点。在静心阅读文本的基础上，感悟文本。感悟，感知而领悟。悟，一要悟其法，二要悟其情。悟法与悟情，也需要教师引领的智慧。

全国模范教师的小学语文教学智慧

师：同意原题目的同学站起来，先说"我同意原题目"，这叫亮明观点。然后第二步，你不是在书上找了根据了吗？把画出来的内容读出来——读课文，就是让作者帮你说话。第三步，读完课文，你再讲为什么同意原题目。不同意原题目的同学发言，也是三步。第一步亮明观点——"我不同意原来的标题，我想改成什么什么"。第二步，也是把你从书上找出来的依据，好好地读出来——如果你想说服人，你就得很有感情地读出来。第三步，也是讲道理。给你们一点时间，再做些准备。

（学生读文思考）

读完这则片段，我无不感受到——支老师的课堂扎实有效。扎实有效的前提是给予学生充分的学习的时间和空间，给予学生充分必要的指导。指导学生深入对话课文，指导学生学会表达。"第一表态，第二读文，第三讲道理"，这其中渗透了支老师对学生表达的要求——言之有序，言之有物，言之有理。

师：谁来发言？

生：我不同意原题目，我想改为《了不起的父与子》。（读）"救火队长挡住他……请你离开。""警察走过来……马上回家吧。""他挖了8小时……是你吗？""这对了不起的父与子，紧紧地拥抱在一起。"救火队长走过来告诉他可能有很大的危险，警察也走过来劝他，他也不顾危险。所以我认为这位父亲非常了不起。

师：他说的行不行？

生：行。

师：说得不错。他选读了好几段，大家把最能表现父亲"了不起"的那段读一下，看你们的选择一样不一样。

生：（齐读）"他挖了8小时、12小时、24小时、36小时……"

师：别人都失望了，只有他还满怀信心地挖，一直挖了38小时，确实了不起。大家都选了这一段，也了不起！

生：我也不同意原来的那个题目，我想改成《令人震撼的父子

208

情》。（读）"就在他挖掘的时候……马上回家吧。""他挖了8小时……是你吗？""不！爸爸……紧紧拥抱在一起。"我想说的是，救火队长对他说了可能会有爆炸，但他还是不怕。警察对他说这里很危险，他也是不怕，仍然继续挖。他挖了几十个小时，衣服都破了，眼睛里也布满血丝，而且身上到处都是血迹，他还是挖。当他找到儿子时，儿子并不是说先把我救出去，而是让同学先出去。父亲不顾一切地找儿子，儿子一直相信父亲会来找他，而且儿子还想着同伴。这父子俩都不怕危险，这种精神就是说他们什么都不怕。这就让我感受到了一种心灵震撼，所以我把题目改成《令人震撼的父子情》。

师：说得非常好，自己的感受也说得很深刻。

生：我同意原题目。我所画的句子是（读）"他挖了8小时……没人再来阻挡他。""我告诉同学们……你总会和我在一起。""父亲声音颤抖……你总会和我在一起。"我的理由是——我觉得课文如果只是粗粗的一读，写的是父爱。这个父亲真是了不起，天下最爱孩子的父亲，不像我爸爸老爱打我。（众大笑）所以我觉得应该把题目改成《感天地泣鬼神的父爱》。（全场鼓掌）先不要鼓掌，我的观点还没说呢！（大笑，鼓掌。此学生转而向台下听课的老师）老师们鼓掌鼓错了。（大笑）

师：你别管老师们，继续发表演说。

生：刚才说的是粗粗地看课文。当你仔细读课文时，就发现，这个小孩子也不简单。他那么相信他爸爸。他爸爸说"不论发生了什么，我总会跟你在一起。"而且这句话在课文中写了三次。我就觉得这句话一定很重要。仔细一想，这句话说明父亲就是死也要和儿子在一起，所以他才不要命地去挖；这句话也让儿子死也要等爸爸来，他相信爸爸一定会来找他，哪怕死也要和爸爸死在一起。想到这一点，我觉得原来的题目就不用改了。《地震中的父与子》，"父与子"三个字非常重要，不能少了"父"，也不能少了"子"，就是父子相互信任、永不放弃的一种精神。（全场鼓掌）

师：这位同学的发言非常精彩！果然擅长分析和思考问题。他不但讲明了观点，讲明了理由，而且讲了他思考问题的过程。他说的"永不放弃"多么有力量！

……

师：说得不错，大家说得都很好。通过大家的发言，黑板上的这些问题还用解答吗？

生：不用。

支老师引导学生悟文，用问题去引发学生探究的兴致——课题好不好？为什么？支老师的设问，点燃了学生思维的火花。让学生悟文、悟情。语文学科的工具性与人文性得以完美地统一。

四、写文的智慧

语文的课堂，要倡导读与写的紧密结合。因为读是吸收，写是倾吐。读与写紧密结合在一起，才能真正发挥语文课堂教学的最大效益。写文，写什么？怎么写？这本身彰显了写文的智慧。

师：读完课文，再来说一说你的感受吧。拿出笔来，就像刚才归结成一个词一样，把你的感受归结成一句话写下来。如果你能写出格言、警句，那就太棒了。

生：我的感受是——这对父子太了不起了！

生：父爱的力量是无穷的。

师：这句话很好，写到黑板上。写完后画上括号，写上你的名字。虽然只是一句话，也是一种创作，所以要有作者的署名——这是你的权利。

生：谁言寸草心，报得三春晖。

师：引用了一句古诗，也是讲亲情的。写上去，写完名字后加上"引用"两个字。

生：彼此信任是最伟大的力量。

师：多棒啊！这是一句格言啊，因为父亲跟他说了一句话，他就增强了信心。这句话里面含有哲理,所以可以说是一句格言。

生:灾难过后的幸福,才是最甜美的幸福。

师:不错,写上去。

生:爱的力量是创造奇迹的源泉,我们为爱心欢呼万岁!

……

师:大家看黑板,同学们写了这么多句子。是谁写的,谁就有感情地读出来,读完后还要很自豪地报出"作者某某某"。

(学生依次读句子,并报出姓名)

师:大家今天学得不错,我们的课就上到这儿吧!

课堂即将结束的时候,让学生写文。哪怕只是写一句话,也是让学生再一次地思考,将自己的感受浓缩,从笔尖流淌出来,这便融入了学生的思考与智慧。而让学生将感受板书到黑板上并署名,又一次地激起学生思考与分享的热情。可见,"激情"贯穿于这堂课教学的始末。

"写文"的设计,必定会让形象、情感、语言留于学生心中。这就是"写文"的智慧所在。

"激发热情""读写结合""静心读书""整合资源"等,是智慧课堂的智慧所在。"激发热情"是智慧课堂的魂,而"读写结合"是智慧型小学语文阅读课堂的根!"智慧课堂"展现了教师教学设计的智慧,"智慧课堂"展现了学生学习思考的智慧。智慧课堂,是智慧启迪智慧的课堂;智慧课堂,是尊重、呵护生命的课堂;智慧课堂,更是促进教师专业化发展、促进学生终身发展的课堂。

全国模范教师的小学语文教学智慧

百改不厌为求精
——听程宏明老师解读《比尾巴》《雪地里的小画家》

十余年前的那个暑假,我有幸去吉林通化《语文学习报》编辑部参加作者笔会。同去的还有三位儿童文学作家,其中一位便是小学语文课本中的作者程宏明老师。

与他攀谈,才知道曾经站在讲台上的我,和孩子们一起学习的《比尾巴》和《雪地里的小画家》竟然是程宏明老师的作品。能见到小学语文课本中的作者,真让我无比兴奋。

以前,站在讲台上,我是语文老师,和学生一起学习这两首儿歌。而现在,我却成为了一名"学生",聆听作者给我讲解有关这两首儿歌的"故事",真是让我开拓了视野。

程老师面带微笑地对我说:"《比尾巴》和《雪地里的小画家》这两首儿歌,虽然选入了人教社义务教育课程标准实验教科书小学语文一年级上册,但仍然需要修改。"我一听,顿时惊讶起来:"啊,还需要修改?记得我小的时候就学习过这两首儿歌。工作以后,还教过呢,并没有发现有地方需要修改啊?"

于是,我专心地听程老师把儿歌朗读了一遍。

比尾巴

谁的尾巴长?
谁的尾巴短?

谁的尾巴好像一把伞？

猴子的尾巴长。
兔子的尾巴短。
松鼠的尾巴好像一把伞。

谁的尾巴弯？
谁的尾巴扁？
谁的尾巴最好看？

公鸡的尾巴弯。
鸭子的尾巴扁。
孔雀的尾巴最好看。

程老师接着说："《比尾巴》中，第三部分最后一句有问题。'谁的尾巴最好看？''最好看'，比较抽象，不具体，太绝对化了。而且对于'好看'的标准，更是仁者见仁。如果把这句话改成'谁的尾巴好像一把大花扇？'这样句子表达上就具体了，而且与第一部分中的第三句话'谁的尾巴好像一把伞'相对应。再把儿歌最后一句改成'孔雀的尾巴好像一把大花扇'。"

真是妙哉啊！

"程老师，您再给我讲讲《雪地里的小画家》这首儿歌，哪个地方需要修改呢？"

程老师诵读了一遍这首儿歌。

雪地里的小画家

下雪啦，下雪啦！
雪地里来了一群小画家。
小鸡画竹叶，小狗画梅花，
小鸭画枫叶，小马画月牙。

不用颜料不用笔，
几步就成一幅画。
青蛙为什么没参加？
他在洞里睡着啦。

程老师继续说："这首儿歌中的小动物——小鸡、小鸭、小马属于传统畜禽，最后两行中提到'青蛙'，它属于两栖类动物，显然不合适。后两句，需要这样改——'小熊为什么没参加？他在树洞里睡着啦'。"

听了程老师给我上的这一课，真让我增长了见识、获取了知识、受到了启迪。

此时此刻，我在想：当我再次走进课堂时，再次执教这两首儿歌时，我要把修改前与修改后的儿歌同时呈现给他们。让学生想一想，作者为什么会这样修改？你觉得有道理吗？这也是课堂中活生生的资源，这也正是教师引领学生与文本对话、与作者对话的载体。有了这个载体，学生的思维活跃了，能够潜心会文了。在读文与对话中感受到了"百改不厌为求精"的道理，那对我的学生来说，一定会受益终身！再看看我们的语文课堂，一定会呈现出勃勃生机的景象。这不正是我们语文教学所要追求的吗？学语文，学做人。

杰出的作品要靠杰出的眼光去阅读
——听梅子涵教授解读《去年的树》

初冬的早上,天还没有大亮,我已走出家门,乘火车来到了北京,参加"小学'走进儿童作文'教学研讨会"。

两天的会议匆匆而过,其间作家梅子涵解读了《去年的树》。这篇文章的作者是日本的新美南吉,文章讲述了这样一个故事:鸟儿和树是好朋友,它天天唱歌给树听。将要飞回南方时,鸟儿答应了树的请求——还要回来唱歌给它听。可是第二年春天,当鸟儿飞回来找它的朋友时,树却不见了。鸟儿四处寻访,最后找到由树做成的火柴点燃的灯火。于是,它面对着由朋友的生命点燃的煤油灯,唱起了去年的歌。

曾经也观摩过其他老师执教这篇课文,也听过其他老师在谈对这篇课文的解读,大家都能认可的是——这篇文章表达了树与鸟的真挚友情。有的老师还认为,文章还告诉了我们要关注环保、爱护家园。对于课堂上,当学生也感悟到了这一点时,便大加赞赏,其理由是——阅读是学生的个性化行为,要引领学生多元解读。可是我们是不是还要努力从文本中与作者对话、去追本溯源、读懂作者写作的初衷?我想,这才是真正意义上的对话。

我又想:作者不可能通过一篇文章来表达多个主旨,否则那篇文章肯定是中心不明确、重点不突出了。我个人也是赞同这篇文章表达了树与鸟的真挚友情,是因为课文中两次出现"好朋友",第四自然

全国模范教师的小学语文教学智慧

段中还出现了一个词,那就是"一定"。虽说不同意第二种说法——文章还在呼吁环保,可又没有更为充足的理由去反驳。

今天,我聆听了梅子涵教授的解读,心中便豁然开朗!惊喜、兴奋、敬佩充盈着我的心。

梅子涵教授说,这篇文章讲了一只鸟和一棵树的故事,树是那样的茂密,而鸟和树是好朋友。于是,小鸟在茂密的大树中安了家,它在大树的怀抱中,或许他们成为了父子关系,或许她们成了母子,也许他们是一对恋人。就这样,他们度过了一个个的春天,一个个的秋天。每到秋天,两个生命都要告别。这一年,也是这样,鸟即将离开树。或是一个朋友的请求,或是一个母亲、父亲的请求——明年还要回来,回来唱歌。其实,树不说,鸟也会回来的。鸟一点点地飞走了,飞得很慢很慢,飞一段路,还要回一回头、看一看自己的朋友。冬天过去了,又一个春天来了,鸟迫不及待地飞回来了。鸟迫不及待地飞呀飞呀,飞来一看,只剩下树根了。

就是凭借这个内容,有的老师即认为作者在呼吁环保。梅教授则认为,砍掉了树,就不环保了,那不砍树,世界不只剩下树了?种树,就是为了为人类做贡献的。把树伐掉,或许可以做船上的旗杆,或许树的理想就是做无数的火柴被人们划亮,这是一首爱的歌,是一首生命的诗。小鸟无论如何也不能理解,为什么说灯火就是树?假如树变成了旗杆,小鸟能够理解。小鸟不能理解树变成了灯火,但又相信小姑娘说的话,所以又唱起了去年的歌。

而后,梅教授又谈及了自己对这篇文本意义的建构。他说,一棵树变成了一团火,树的幸福就在这里面,这是生命一生的盼望。茂密的树冠只能让几平方米获得绿荫,而树变成了火柴,它能点亮小姑娘一生的道路。无数的灯火就会照亮无数人的道路,无数的人就能用他们的智慧把整个星球装扮了。

听着梅子涵教授的解读,心灵为之一震。作家用杰出的眼光走进文本,与文本对话,产生了独特的、深刻的、自己的意义。

当我走出大礼堂时，梅教授那一句句深刻而富有哲理的话语在我的心中激荡——杰出的文学作品不是把所有的内容都写出来，杰出的文学作品要依靠杰出的眼光去阅读。

全国模范教师的小学语文教学智慧

让板书充满诗意
——听《乡下人家》有感

语文课上的板书，可以说是一篇课文的缩影。如果在这小小的板书里融入一点诗意，学生定会从这并不多的汉字里受到诗的滋养。日积月累，它将不断地提高学生的语文素养，内化为学生生命的一部分。

今天，我听了一位教师执教四年级的《乡下人家》。上课伊始，教师有感情地配乐朗读后，请学生谈谈在你的眼前出现了哪些画面？

学生畅所欲言，流利地说出了自己眼前出现的美丽画面。学生一边说，教师一边在黑板上板书，将画面中的景物一一记录在黑板上。学生发言完毕，我们看到板书充满着诗情画意：

乡下人家

绿藤红瓜　　鲜花春笋

鸡群觅食　　群鸭戏水

庭院晚餐　　月下虫鸣

教师又引导学生读书："书上有一句话概括了这六幅景色，你读一读、找一找。"学生从书中寻找答案，美美地朗读着。此时，教师又在黑板上写下了两个词"独特"与"迷人"。

教师将整篇课文浓缩成了14个词语，它们是文章的精华所在。而这14个词语又形成了一首诗、一幅画。学生朗朗地诵读着，感受到的是词语美、韵律美、意境美。在诗的熏陶中，学生积淀了语言，受到了美的熏陶。

　　语文，语文，就是要让语文课"文"起来，让语文课堂的"文化气息"更浓一些。这些都会潜移默化地影响着学生、感染着学生、启迪着学生。渐渐地，诗意的语言，诗意的情怀，就会流进学生的心灵，注入到学生的血液中，内化到学生的生命中。

　　走出课堂，我很佩服这位老师的创想。我想：当我再走进自己的课堂时，我也要像那位老师一样，让板书充满无限的诗意。

全国模范教师的小学语文教学智慧

让生字教学走向轻松与高效
——听语文教师指导学生写"爽"字

学校的电化教室里坐满了人,执教老师和学生一起阅读的是三年级语文课文《秋天的雨》。这一节是第二课时,在品读课文前,教师和学生一起书写"爽"字。

教师一笔一画地在黑板前示范书写"爽"字,一边书写一边口述:"先写一横高又平,四个撇点两边设,一个人字托住它,秋高气爽天气好。"而后,学生一边说着,一边书写。

看着学生专注地书写,我不禁在想:书写"爽"字,这个教学环节可谓是饱含了教师的良苦用心。因为在这个环节中,融入了以下两个学习的内容:第一,简简单单的四个分句中,融入了"爽"字的音、形、义。不仅会读了,也记住了"爽"字字形——"横"、四个"撇点"、一个"人",还理解了它的意义。教师遵循了"字不离词"的语文教学规律。第二,怎样把"爽"字写美观,也暗含在了"口诀"中——"高又平""两边设""托住它"。我觉得,学生每当读起"口诀",就能想起它的字音、字形、字义及写法。可贵的是,这一切都是那么的自然。

高效的课堂,简约但不简单。简约的背后,是教者创造性地备课,让过程浓缩精华,看似简单,实则不简单。在这样的课堂里,师生学得轻松、学得盎然,教学实现高效。

后来,我聆听了黄亢美老师解读"爽"字。"爽"字由"大"和四个"撇点"组成。"大"像一个直立的人形,四个"撇点"表示窗棂,"窗棂"即窗格,以此代表窗户。它们合在一起就是:一个人站在窗前,双手伸出去,轻轻地推开了两扇窗户,一股凉爽的风吹来,让人感到神清气爽。

此刻,我在想:如果教师在指导学生写"爽"字之前,和学生分享了"爽"字的由来,那么语文课一定会充盈着浓浓的文化味。

全国模范教师的小学语文教学智慧

用智慧点亮词语教学
——听《燕子专列》有感

今天,学校全体语文教师走进了吕梅老师的课堂。她执教的是《燕子专列》第一课时。以往所听的第一课时,无非是教师指导学生学习课文中出现的生词,引领学生正确、流利地朗读课文以及梳理文章的脉络。而吕老师所执教的《燕子专列》一课却与以往的教学流程截然不同。她采用随文识字的方法,将生字、词语的教学分散,可贵的是学就把它们学得扎实、学得透彻,并逐步达到朗读正确、理解字义、学会运用。在吕老师的课堂上,将学习词语与对话文本融为一体,使得它们相互促进、相得益彰。

一、抓一词学多词

上课铃响后,教师便与学生聊天:"专门卖名牌衣物的地方叫什么?""专门出售某一种类的柜台叫什么?""专门研究一门学问的人,叫什么?""专门为某人或某事特别增开的列车,叫什么呢?"教师启发学生先后说出了"专卖店""专柜""专家""专列"。这时,教师板书课题——燕子专列。

坐在下面听课的我,不由自主地感叹:这是多么巧妙的设计啊!在这短短的时间里,学生积累了带有"专"字的词语,从一个个的词义中学生领悟到了"专"字的意思,这样的理解更自然,更能激起学生思考的欲望,教学可谓是不留痕迹。

二、抓词语悟整段

对于段的教学，我今天也是学了一招：抓住重点词语，结合具体的语言环境理解词语，潜移默化地使学生对整个段落进行对话。

1. 正确流利朗读词语

课文第二自然段出现了好几个四字词语，如：气温骤降、长途跋涉、饥寒交迫、濒临死亡。要想让学生能够正确地朗读这一段话，首先要让学生正确地朗读这一段中难读的词语。当学生将词语读正确后，再读第二自然段时，果真做到了正确、流利。最后，教师指导学生写好"骤"字——先分析字形，然后在书后田字格下面又认真地写了一个。

2. 结合语境理解词义

学生能够正确朗读第二自然段后，教师设问："燕子是候鸟，为什么还要用专列来运送它们呢？这一自然段讲了几个原因呢？如果你能找出三处理由，你是非常了不起的；如果你能找出四处理由，那我就会当着所有老师的面，拜你为师。"

在这如此富有激励性的语言下，学生投入地读书，寻找答案。一个学生说："第一个理由是燕子在瑞士遇到了麻烦。""什么麻烦？"教师追问。学生说："气温突然降了下来。""那用一个课文中的词语来说——"学生齐答："气温骤降。""'骤'字的意思是——""突然。"

教师让学生理解"骤"字，先是通过课文内容理解了"气温骤降"的意思，再据词理解了字义。这样的理解，是水到渠成的，而不是生硬地让学生背诵词典里的词条。这样的理解会使学生长时间不会忘记，可以说，已经记忆于心。

当学生说出第二个理由时，其实，这也就是学生朗读自然段中的原句。而教师充满感情地说道："燕子要飞很长很远的路。要飞多远的路呢？从北方到南方来过冬，飞越大海、高山、沙漠……一路辛苦吗？它们的行程大约5000公里，每天大约要飞100公里，书上用一词说——""长途跋涉。"学生一齐回答。

吕老师创设了言语情境，既是给学生补充一定的资料，同时也是帮助学生理解"长途跋涉"的意思，仍然坚持从形象到抽象，符合儿童的认识规律。

在理解"饥寒交迫"时，学生并不感到困难，理解起来很容易。在理解"濒临死亡"时，教师采取了比较法。当学生说出"濒临死亡"的意思是"快要死了"时，教师反问道："为什么书上用的是'濒临死亡'，而不用'快要死了'呢？"学生在读中感受到"快要死了"不好听。教师启发："作者用'濒临死亡'，让我们感到作者有一份心情隐藏在其中。你知道这是一种怎样的心情吗？"学生在读中领悟到这是一种同情，这流露出作者的爱心。"能不能带着这种感情读一读这段话呢？"教室里响起了朗朗读书声。

在理解"濒临死亡"这个词语上，教师改变了以前的学习方法，采取了比较法来感悟。这时，教师由理解词义引申到了感悟语言，引导学生体会文字背后渗透的情感。

我在想，指导学生学习语文，就是要让学生学习文本本身所具有的言语形式，体会从一个个文字中所流露出作者内心的真挚情感。那么我们通过什么来实现这一目标呢？是词语。词语是语言的基本单位，词语是我们语文课堂教学的扶手。我佩服吕老师正是通过抓住了词语这一扶手实现了引导学生对语言、段落的感悟。

3. 朗读之中学会运用

教师出示了第二自然段，学生美美地朗读着。让我惊喜的是，在这一段话中，教师将这四个词语用黄色的粉笔书写，其余的字用的是白色粉笔。我感到：这是在提醒学生朗读时要留意这四个词语。在熟读中学生一定会记下带有这四个词语的句子，渐渐地，一句句优美的话语在学生心里记忆下来，对学生良好的语感的形成会起到促进作用。

三、抓一词带篇章

教师说："通过用电视、广播告诉人们一些事情，这叫什么呢？"学生轻易地理解了"呼吁"的意思。而后，教师启发道："当时瑞士政府是怎样用广播呼吁瑞士人们的，把人们的积极性是怎样调动起来的呢？他们告诉了人们什么？"

让学生先是小组交流，而后集体分享。由学生扮演广播员，在小组交流中，必定要先说清为什么要救燕子、到哪里去救、送到哪里……

由理解一个词语，到巩固对课文篇章的理解，最后训练学生的言语表达能力，可谓是独具匠心。这样的言语训练，是在依托教材内容的基础上，学生不仅锻炼了能力，还加深了对课文的理解。

走出吕老师的课堂，我在心里想：词语的教学要贯穿于小学语文学习的始末，如果能像吕老师那样用智慧点亮词语教学，那学生一定会深深地爱上语文课。

全国模范教师的小学语文教学智慧

整合资源·学语习文·追求高效
——听《那片绿绿的爬山虎》有感

今天,全校语文教师走进电化教室,一起聆听杨天丽老师执教的《那片绿绿的爬山虎》第二课时。四十分钟时间一晃而过,可留在我心中的却是这样十二个字:整合资源,学语习文,追求高效。

一、将阅读教学与识字、写字教学相结合

课堂伊始,短短的一两句话引入了这一堂课的学习。当教师板书课题中的"绿"字时,提示最后四笔是点、提、撇、点。当写"虎"的时候,提醒学生"虎"字的第三笔是横钩。课题中的两个易错字,教师都一一地提示出来,指导学生正确识记汉字、正确地书写汉字。虽然是短短的两句话,但是这体现着一个理念——教师在课堂上说的每一句话,都应该着眼于培养学生的听、说、读、写的能力,都应该发挥它的效益。教师提醒学生写"绿""虎"这两个字时所要注意的,其目的就是要让学生把汉字写正确,而这正是培养学生语文综合能力的基础。

二、将阅读教学与习作教学相结合

教师钻研教材,抓住教材本身的特点,特别是文章的第一部分,作者记叙了叶圣陶先生给作者修改作文的事。作者看到了叶老对作文的修改,阅读了叶老的简短评语,对叶老的人品产生了初步印象,也树立了写作的信心。在这一部分内容中,渗透了对评改习作的方法。

而教师正是抓住了这一资源，将阅读教学与习作教学紧密地结合了起来。

1. 品析词语与感悟结构整合

教师与学生一同阅读第一部分时（叶圣陶先生给作者修改作文的事），先让学生默读课文第一～五自然段，而后画出最能表达作者读完叶老批改的作文后的感受的句子。学生很自然地找到了这句话：

我虽然未见叶老先生的面，却从他的批改中感受到他的认真、平和以及温暖，如春风拂面。

教师又引导学生品析"批改"这个词语使用的精妙之处——这句话中有个词"批改"，可前文中用的都是"修改"，为什么这句话中用的是"批改"呢？

教师引领学生将"批改"拆成"批"与"改"，学生理解了批改的含义，既包括"修改"，又包括"撰写批语"。学生感受到了为什么这句话单单选用了这个"批改"，它既拉起了前面的修改，又连起了后面的批语。听到这里，心中不禁赞叹——妙哉！教师引导学生品析这个"批改"，不仅读懂了它的含义，而且还梳理了课文第一部分的脉络。这就将品析词语与感悟课文结构紧密地结合起来了，做到了学习内容的整合，做到了学习过程的整合。这一个小小的环节，又流露出教师的一个理念——语文课，就是要学习语言，学会运用语言文字。

2. 理解句子与习得方法整合

课文第三、第四自然段较细致地讲述了叶老是如何修改作者的作文的。教师鼓励学生读文、思考："叶老做了哪些修改？是怎样修改的？用一个字概括出来。"学生读书，思考，概括为：删、增、改、断、换。这样的学习，也做到了整合。一是理解课文内容，二是习得了方法。这方法既包括理解课文内容的方法——读文概括，也包括修改习作的方法——删、增、改、断、换。

阅读第五自然段时，老师指出："叶老在评语中还抓住了肖复兴的一个优点。什么优点?"

　　学生再次读书,体会到写作文就是要力求真实。一个"力求真实",是叶老所写批语中的精髓,它点出了习作的秘诀。学生再次习得了方法——写文章,就是要写真实的。

　　当学生再一次朗读"我虽然未见叶老先生的面,却从他的批改中感受到他的认真、平和以及温暖,如春风拂面"这一句时,"春风拂面"学生读得那样轻,教师肯定了他的读法,随即点拨:"这就叫作'重音轻读'。"

　　读书、理解文字、习得方法、读出感情,一环扣一环,安排得巧妙、紧凑、自然。

　　在阅读第二部分时,教师着重抓三次提到爬山虎的句子。阅读第七自然段时,教师引导学生读文时揣摩作者的心情,并点拨方法:"这一自然段中,一个写心情的词语都没有,但句句体现出心情,把心情融入到景物描写之中,以后同学们也可以运用这种方法。"

　　这既是点拨阅读方法,同时也是在点拨习作方法。阅读与习作指导紧紧地连在了一起。听着这堂课,心里却回味着叶老说过的"教材无非是个例子"。

三、将阅读教学与口语交际相结合

　　对学生言语表达的训练应该贯穿于每一节语文课上。特别是在阅读教学中,深入挖掘教材中的言语表达的训练点,鼓励学生个性化地表达,并逐步规范学生的语言。

1. 理解句子与言语表达整合

　　在阅读第九自然段时,为了让学生体会"他亲切之中蕴含的认真,质朴之中包含的期待……"的含义。于是,教师引领学生去补白,补充叶老和肖复兴交谈的场面。课堂上,教师扮演叶老先生,一个男生扮演肖复兴。"叶老"询问"肖复兴"最近在读什么类型的书,还聆听了"肖复兴"背诗,又和"肖复兴"交流了他的作文中的精妙之处，最后"叶老"送"肖复兴"两本自己写的书，还希望他能写出更多的书来。内容不一定是当时叶老和肖复兴谈话的内容，这一切都是教师想象而来的。学生再次读书，发现了老师是依据"亲切之中蕴含的认真，质朴之中包含的期待"而想象的，学生再次加深了对这句话的理解，在这句话背后所隐藏的已留在了学生的心中。教师巧妙的设计，不但让学生理解了句子，而且还训练了学生的言语表达的能力。理解句子的含义与言语表达训练不就巧妙地整合在一起了吗？这样的言语训练也是在对话文本的基础上展开的，与理解句子含义紧密结合，让阅读教学与口语交际融为一体。

2. 理解句子与梳理篇章整合

课文最后一句，作者三提爬山虎。品味这一句的含义，教师又采用了新的形式，再次让学生默读最后一个自然段，读中思考：

每当他想到那片绿绿的爬山虎，就会想起那篇_____的作文；就会想起那次_____的交谈；就会想起那位_____的大作家。

学生既明白作者这一次提到爬山虎的用意，也回顾了这篇课文，再一次厘清了课文脉络。与此同时，还巧妙地训练了学生的语言表达能力。教学中再一次做到了整合：整合了学习内容，整合了学习过程，建构了高效的语文课堂。

这，就是听杨老师这堂课体悟到的。